U0615615

教育部人文社科规划项目：国家自主创新示范区创新生态系统和创业生态系统耦合机制研究（19YJAZH002）

国家社会科学基金项目：大数据驱动制造企业服务化组织创新的路径与模式研究（17BJY073）

国家自然科学基金青年基金项目：官方－民间舆论场协同驱动的网络热点信息传播动力学研究：基于超网络视角（71801139）

山东省社会科学规划项目：山东省创新创业生态系统运行机理、构建模式与促进政策研究（18CGLJ25）

青岛科技大学社科规划项目：青岛市制造企业价值共创体系的价值创造能力评价及提升策略研究（18XB35）

九三学社多项参政议政项目资助

我国制造企业价值共创体系的价值创造能力研究

VALUE CREATION

RESEARCH ON THE VALUE CREATION ABILITY OF
THE VALUE CO-CREATION SYSTEM-OF-SYSTEMS OF
MANUFACTURING ENTERPRISES IN CHINA

魏琼琼　著

经济管理出版社
ECONOMY & MANAGEMENT PUBLISHING HOUSE

图书在版编目（CIP）数据

我国制造企业价值共创体系的价值创造能力研究/魏琼琼著. —北京：经济管理
出版社，2022.1

ISBN 978-7-5096-6681-4

Ⅰ.①我⋯ Ⅱ.①魏⋯ Ⅲ.①制造工业—工业企业管理—研究—中国
Ⅳ.①F426.4

中国版本图书馆 CIP 数据核字（2019）第 117783 号

组稿编辑：梁植睿

责任编辑：梁植睿

责任印制：黄章平

责任校对：陈　颖

出版发行：经济管理出版社

　　　　　（北京市海淀区北蜂窝 8 号中雅大厦 A 座 11 层　100038）

网　　　址：www. E-mp. com. cn

电　　　话：（010）51915602

印　　　刷：唐山玺诚印务有限公司

经　　　销：新华书店

开　　　本：710mm×1000mm /16

印　　　张：14. 25

字　　　数：205 千字

版　　　次：2022 年 1 月第 1 版　　2022 年 1 月第 1 次印刷

书　　　号：ISBN 978-7-5096-6681-4

定　　　价：68. 00 元

·版权所有　翻印必究·

凡购本社图书，如有印装错误，由本社发行部负责调换。

联系地址：北京市海淀区北蜂窝 8 号中雅大厦 11 层

电话：（010）68022974　　邮编：100038

前　言

　　全球政治经济环境的复杂性、竞争环境的不确定性和企业可持续发展的要求推动我国制造企业进入基于网络化的价值共创时代。对价值共创模式下制造企业价值创造能力的研究成为学术界新的热点。制造业是实体经济的主体、国民经济的主导产业、供给侧结构性改革的重要领域，对提升我国综合国力、保障国家安全、建设世界强国具有关键作用。然而，目前我国制造企业价值共创体系存在体系建立不完善、价值创造能力不足等问题，这些问题严重制约了我国制造企业的健康、快速发展，因此，对我国制造企业价值共创体系的价值创造能力进行研究重要而紧迫。制造企业价值创造能力的生成途径就是在完善制造企业价值共创体系结构的同时，有效发挥体系价值创造能力的涌现性。本书通过分析我国制造企业价值共创体系的结构、价值创造能力涌现机理等，为提高我国制造企业价值共创体系的价值创造能力提供科学的实现途径，为政府制定制造产业政策提供科学依据。

　　全书内容总共8章，主要分为五个部分。第一部分包括第1章和第2章，是本书的理论基础。第二部分包括第3章到第5章，是本书的研究重点内容，主要从制造企业价值共创体系及其结构、价值创造能力及其构成以及涌现机理等维度对制造企业价值共创体系的价值创造能力进行清晰的认识。第三部分包括第6章，是对制造企业价值共创体系的价值创造能力的评价研究。第四部分包括第7章，是在实践层面上研究制造企业价值共创体系的价值创造能力的提升机制与策略。第五部分包括第8章，是对全书内容的总结以及对未来该领域研究的展望。

我国制造企业价值共创体系的价值创造能力研究

本书从超越企业实体边界的价值共创网络组织视角，按照企业价值共创体系的"价值创造能力认识—价值创造能力评价—价值创造能力提升"的研究框架，综合运用复杂系统相关理论、涌现理论、超网络理论、战略情报理论等，对我国制造企业价值共创体系概念及其结构、价值创造能力的构成、价值创造能力的涌现机理、价值创造能力评价以及提升机制与策略等内容依次展开研究，研究内容包括：

第一，以复杂系统视角提出企业价值共创体系概念。企业价值共创体系是以满足客户个性化需求为目标，以全社会领域价值共创为组织形式，在共同的价值理念和有效的网络治理机制下建立的为企业和客户创造价值的复杂的具有命运共同体特征的体系。企业价值共创体系具有开放性、柔性、有序性、合作性、演化性和涌现性等特征。体系的主要功能是价值创造。

第二，以复杂系统视角分析了制造企业价值共创体系的结构，并以超网络理论为工具，在体现各类价值创造单元及属性复杂性的基础上，通过构建具有层级结构的企业价值共创体系结构模型，实证分析我国制造企业价值共创体系的结构，包括情报探测及分析系统、协调控制系统、协同生产系统。通过体系的超网络特征定义了体系整体功能、体系抗毁能力和体系关键节点识别三类关键指标，通过仿真分析对比两种价值流转策略的三类指标的差异，验证了体系结构决定体系功能。

第三，运用系统研究方法对制造企业价值共创体系的价值创造能力系统进行全面分析，结合单元级价值创造能力、系统级价值创造能力、体系级价值创造能力三个分析层面，构建制造企业价值共创体系的价值创造能力系统概念模型。通过问卷调查方式获得213家制造企业数据，设计单元级价值创造能力测量量表，运用因子分析等分析方法实证检验我国制造企业价值共创体系价值创造能力系统的三阶十维结构。

第四，运用复杂系统理论、超网络理论，针对制造企业价值共创体系的层次性、价值创造单元的异质性以及交互作用的非线性，构建由实体层、功能层组成的制造企业价值共创体系超网络模型，建立单元级价值创造能力演化模型和体系级价值创造能力涌现模型，通过计算机模型与仿真技术分析我国制造企业价值共创体系的价值创造能力涌现过程。得出研究结论：制造企业价值共创体系的价值创造能力的本质是体系涌现的结果，具有"1+1>2"的效应，体系的结构和体系所在内外部环境影响其价值创造能力的涌现。体系的价值创造能力由单元级价值创造能力经系统级价值创造能力层层聚合而成，并可通过单元级价值创造能力的非线性聚合关系式加以表达。影响体系价值创造能力的主要因素共有四类：单元自身作用、单元相互作用、体系内环境的影响作用和体系外环境的影响作用。影响体系价值创造能力涌现的五种重要单元级价值创造能力分别是价值创造模式设计能力、指挥决策能力、资源配置能力、快速反应能力和精准生产能力。

第五，以系统涌现理论为依据，通过体系最终涌现出的新质整体能力构建价值创造能力的评价指标体系和评估模型。运用 SPSS 统计分析工具，利用因子分析模型对我国某高新技术行业内的制造企业价值共创体系价值创造能力的水平和结构进行分析和评价。结果显示，我国该行业内的制造企业价值共创体系的价值创造能力整体处于中等略好水平。

第六，提出提升我国制造企业价值共创体系价值创造能力的机制与策略。从组织机制、运行机制和保障机制三个方面提出我国制造企业价值共创体系价值创造能力提升机制。从加强我国制造企业价值共创体系建设、培育体系各单元级价值创造能力、完善体系的结构和改善体系的环境四个方面，提出提升我国制造企业价值共创体系价值创造能力的对策和建议。

学者们对价值创造理论的研究演进逻辑可以归纳为从最初的价值链到价值网再到价值共创与引入复杂系统理论的价值共创体系。本书中企业价值共创体系的价值创造能力属于多学科交叉范畴的研究，研究内容中不仅包含价值共创体系的价值创造能力，同时也包含企业战略情报学的内容。书中融合了情报学、复杂系统科学、价值创造学、信息系统管理等多门学科，属于典型的交叉学科运用研究。本书的研究内容不仅可以作为价值共创理论研究的学习资料，也可用于企业战略情报系统管理的学习，希望本书的内容会对相关领域研究的学者有所帮助。在我国引入体系概念对制造企业价值共创体系进行研究属于较新的研究内容,再加之本人研究水平的局限性,因此,本书在研究内容上难免有不足之处,希望在未来的学习中不断完善和超越,将该领域的研究进行得更加深入,期待在下一部著作中与读者们再次相约。

魏琼琼

2021 年 11 月 1 日于青岛

目　录

1

绪 论

1.1 问题的提出

竞争环境的不确定性和企业可持续发展的要求推动制造企业进入基于网络化的价值共创时代。对价值共同创造模式下企业价值创造能力的研究成为学术界新的热点。制造企业也应顺应时代的发展，进入价值共创时代。然而，与欧美等发达国家和地区同类企业相比，我国制造企业网络化价值共创能力较为薄弱，这也是我国制造企业价值创造能力不足的直接原因。因此，研究如何提升我国制造企业的价值创造能力具有深远的现实意义。

1.1.1 现实背景

制造企业是实体经济的主体、国民经济的主导产业、供给侧结构性改革的重要领域，对提升我国综合国力、保障国家安全、建设世界强国具有重要的作用。经过几十年的发展后，我国中等规模以上约40%的制造企业都建立了或初步建立了自己的价值共创体系，取得了良好的经济与社会效益。但是，与欧美、日本等发达国家和地区的重点制造企业相比，我国制造企业的国际高端市场占有率低、国际竞争力严重不足，制造企业价值共创体系的建设仍有待于进一步提高。从全国范围看，制造企业价值共创体系存在以下显著特征：

首先，我国制造企业与产业内其他企业合作来完成价值共创的理念还没有形成，能够在超越企业实体边界建立企业自己的价值共创体系的企业数量较少，企业价值共创体系的建立能力不足。

其次，对企业价值共创体系的价值创造能力认识不清，在价值共创体系中进行共同创造的能力不足。具体表现为：①制造企业对超越实体的企业网络化运营流程不规范，价值共创体系的管理水平低下，企业资金流容易断裂。②创新能力弱，新产品开发需要的时间长，缺乏创新的自主研发能力，技术跟不上产品发展要求。③网络内资源配置经常不能满足实际生产的需要，与价值共创网络内其他企业缺少交流与合作，企业对客户需求的把握不准确，无法及时满足客户的产品和服务需求。④用户对企业的产品缺乏信赖，为用户提供的服务专业化程度低，对市场需求反应迟钝。⑤对供应链及合作伙伴的掌控能力不足。

基于此，本书力求对我国制造企业价值共创体系的价值创造能力进行研究，寻求提升其价值创造能力的途径和方法。因此，本书研究具有重要的理论意义和现实意义。

1.1.2　理论背景

1.1.2.1　企业价值创造研究范式已经进入价值创造网络型组织的时代

企业网络化价值共创成为新经济时代企业进行价值创造的新范式，企业想在商业系统中生存和发展，保持可持续的竞争力，就需要摆脱传统封闭式、自我能力范畴的价值创造模式。在超竞争环境下，传统的价值创造模式已经不能够适应瞬息万变的市场环境。在此背景下，Normann 和 Ramirez 提出了具有体系特征的价值网概念[1]。企业价值创造的复杂性以及对环境变化的灵活适应性要求企业必须在更广阔的价值空间逐步形成在一系列价值创造主体和要素交互作用下的价值创造能力[2]。企业价值创造的主体是包括企业自身在内的全社会域价值共创者，例如战略联盟伙伴、企业客户、政府、企业竞争者、公共部分等[3]。企业价值共创体系具有网络组织的基本特征，包括开放性、适应性、自组织性、动态性、涌现性等[4]。所以，基于价值共创范式对我国制造企业价值共创体系的价值创造能力进行研究是适应当前企业生存环境的必然选择。

1.1.2.2　复杂系统理论及复杂性科学为研究企业价值共创体系的价值创造能力提供了一种新的视角和研究方法

企业价值共创体系是比企业组织分析层次更高，也更加复杂的系统，它是由多个既相互独立又密切相关的系统组成的系统，即体系。企业价值共创体系的价值创造能力是体系功能的外在表现形式。因此，对其价值创造能力进行研究必须从其复杂性入手，反映其动态性、非线性、涌现性等复杂性质。这与以往研究管理问题所采用的分解还原分析方法截然不同，为企业价值共创体系的价值创造能力研究带来很大的挑战[5]。按照复杂系统层次性原理，对企业价值共创体系的价值创造能力研究应该分层次展开[6]。企业价值共创体系是一个整体系统，企业价值共创体系价值创造能力的提升取决于体系内各系统价值创造能力之间相互作用的结果，需要细致分析各要素间的相互作用，厘清要素之间的逻辑关系，既要考虑外部环境变化的影响，又要考虑企业所处的多个利益相关体构成的价值共创网络内部[7]。对企业价值共创体系的价值创造能力研究更应体现其系统的复杂性，从系统组成要素间相互作用、相互影响的角度对其进行研究。

因此，本书以复杂系统理论、超网络理论、系统涌现理论及战略情报理论为基础，研究我国制造企业价值共创体系的结构，进而考察制造企业价值共创体系中各层次价值创造能力以及体系整体价值创造能力的涌现机理，从根本上揭示我国制造企业价值共创体系价值创造能力的实质，分析其本质规律，为提升我国制造企业价值共创体系的整体价值创造能力提供借鉴。

1.1.3　研究意义

1.1.3.1　理论意义

本书研究的关键是在理论上探明我国制造企业价值共创体系的结构和价值创造能力的构成，通过复杂系统涌现原理，寻求制造企业价值创造能力产生的内在机理。对于在价值共创模式下，企业价值创造能力的形成机理方面的研究具有重要理论意义。现有关于企业价值网络的研究文献，大都只从企业层面、产业层面或社会层面来研究企业内部或外部的价值网络问题，没有结合三个维度将企业价值共创体系作为一个有机整体加以考虑。而本书从超网络角度出发，以体系整体的视角全面衡量、分析企业价值共创体系超网络拓扑结构，更全面地体现了制造企业价值共创体系结构的复杂性。本书是对传统价值网络理论的补充和完善，将复杂系统理论、复杂性科学理论引入企业价值共创体系结构及价值创造能力分析中，建立制造企业价值共创体系超网络结构模型和体系级价值创造能力涌现模型，既是对价值创造理论研究的深化，也是对复杂性科学应用领域的拓展。借鉴复杂系统的基本思想分析我国制造企业价值共创体系，基于涌现原理对我国制造企业价值共创体系的能力进行系统学解析，是对现有企业价值创造能力系统研究的有益补充甚至替代。将复杂系统理论、系统涌现理论、超网络理论、价值共创理论等基本理论，综合运用于我国制造企业价值共创体系的价值创造能力研究中，实现了多学科交叉的综合效应，拓展了不同理论方法的应用领域，尤其是超网络方法的应用领域，从而为中国制造企业构建企业价值共创体系并提升其价值创造能力提供理论依据。

1.1.3.2　现实意义

当今，企业处于复杂多变的市场竞争环境下，环境的剧烈变化颠覆了现有的企业管理理念和方法，探索适于超竞争环境下的企业价值共创体系的价值创造能力对企业实践活动具有一定的指导作用，也为我国制造企业提升自身品质与价值创造能力提供系统性的指导；同时，为政府扶持我国制造企业、设计制造企业价值创造能力的培育支持体系、构建促进我国制造企业可持续发展的产业政策和宏观经济政策提供基础数据与依据。

1.2 国内外研究现状

1.2.1 企业价值共创体系内涵及特征相关研究

进入 21 世纪以来，中国众多企业如腾讯公司、奇虎 360、海尔集团等建立了新的价值创造方式，因此成为同行的领袖企业。这些企业的成功案例说明，在以互联网和信息技术发展为特征的网络经济时代，企业的价值创造模式和竞争方式发生了根本变化。企业价值创造已经由原来的基于价值链模式转向网络经济时代的基于网络化价值共创模式[8-9]，企业之间的竞争由原来单个企业的"单打独斗"转向价值网络的"群体性"竞争[10-11]。当旧的市场假设逐步被新的市场假设所取代时，企业价值创造模式也随之转换。企业价值创造模式已经成为决定企业成败最重要的因素[12]。价值创造模式的研究不仅成为商业界关注的焦点，也成为理论界研究的热点。

对企业价值创造模式的研究历史悠久。总体上可总结为从价值链理论到价值网理论（价值共创体系理论研究的雏形）的演变。20 世纪 80 年代以前，企业的经营环境相对稳定。Porter 把企业的价值创造分为设计、生产、销售、配送等一系列活动构成的价值创造动态过程，即价值链[13]。价值链理论有效指导了当时企业的价值分析和战略制定，而企业经营活动的全球化、消费需求的多样化、生产要素的多元化、生产方式的定制化等使企业的价值创造的基本逻辑发生根本性改变。价值链理论已经不能适应时代的需求，价值网理论逐渐被人们所认可。20 世纪 90 年代以后，众多学者对价值网的内涵等进行了研究。

1.2.1.1 关于企业价值共创体系内涵的相关研究

与企业价值共创体系内涵最相近的概念是价值网。网络组织的概念也与企业价值共创体系的概念有较强的相关性。

国外学者对价值网的定义如下：最早提出价值网理念的是亚德里安·斯莱沃斯基（Adrian Slywotzky）。他在其著作《发现利润区》（*The Profit Zone*）中认为，因竞争环境的变化企业应在事业设计上进行相应变革，将传统的供应链以价值网取代[14]。Nalebuff 等（1996）在其著作《竞合》（*Co-opetition*）中强调了企业应该以合作双赢和共生（Symbiosis）的观念构建价值增值网络，并将"互补者"这一新的因素加入价值网络中[15]。

虽然国外学者对价值网的研究历史悠久，但是对价值网的定义迄今为止仍未达成共识。最具代表性的定义是学者大卫·波维特等（2001）在其著作《价值网：打破供应链 挖掘隐利润》（*Value Nets: Breaking the Supply Chain to Unlock Hidden Profits*）一书中提出的。在深化价值链和供应链的基础上明确了价值网的概念，指出"价值网以快速响应顾客需求为目标，将低成本、有效率的制造与顾客的多样化、个性化甚至其他苛刻要求相连接，在产品配送方面避开了传统成本高昂的分销层，直接与价值网成员企业、合作伙伴和供应商等组成的动态生态系统连接，可快速交付定制方案。价值网结合了进步的供应链管理思想和战略管理理论，是一种以顾客为核心，以满足顾客所需要的可靠、便利、速度与定制服务为目标的价值创造体系"[16]。Kathandaraman 和 Wilson（2001）认为："价值网是由价值链各节点上的成员企业所形成的动态的价值流动和拓扑空间的网络，在价值网络内部成员企业遵循共同的规则，有一定的共同属性。"[17]根据组织的观点，相对于静态性的价值链而言，价值网具有显著的动态性，这种动态性特点使价值在网络组织内部不断流动且具有较强的灵活性。在保持高质量、低成本的同时，还有效提高了产品导入市场的速度，大大压缩了反应时间，从而有助于价值的创造。Grainer 和 Metes（1996）在研究外包业务时将价值网定义为：价值网是一个领导型企业和其他组织在内部或外部形成的联盟，这个联盟能在非常短的时间内建立起某种特定的竞争能力[18]。

国内学者对价值网的研究较国外晚，关于价值网概念的界定也未达成共识[19]。国内学者对价值网的定义如下：李垣、刘益（2001）认为，"价值网是一种价值生产、转移、分配与使用的关系及其结构，是由价值网内利益相关者相互影响而形成的。其基本构成要素有六种，包括制度与规则、资源选择、效用体系、价值活动、信息联系和市场格局。价值网有效扩大了资源的价值影响，优化和改进了价值识别体系，同时提高了组织联系的紧密程度"[20]。吴海平、宣国良（2004）认为，"价值网是指因价值创造方式的网络化而导致的网络化生产模式，从而使成员企业为一个共同客户创造价值而联结成的特殊的网络组织"[21]。迟晓英、宣国良（2000）认为，价值网是一个特殊的网络组织，是一种特殊的机制、创造系统和价值创造模式，具有异质性资源的企业核心资源的集成，有助于价值网络内部的企业优势互补，通过有效的合作机制共同创造更大的价值，所有成员企业通过合作，并经由数字化网络相互关联而形成了一种新的价值创造模式[22]。苟昂、廖飞（2005）认为，"价值网是商业生态系统的一种具体表现形式，是一种新的网络形态，这种网络形态是动态变化的企业内部网络与企业外网络连接后所形成的。供应商、员工和顾客等各利益相关者是价值网的重要节点，具有动态匹配和自我调节的能力。在价值网中，企业被定位为一个开放的体系，利益相关者（供应商、顾客、技术服务方）等被置于系统内部，而不是外生变量"[23]。

可见，价值网的本质是在相应的治理框架中，采用一定的价值传递机制，在专业化分工的生产服务模式下，价值链上不同节点企业或利益相关者联结在一起共同为顾客创造价值[21]。价值网以顾客价值为核心对原有价值链进行了重构，打破了传统价值活动中顺序分离的机械模式，也突破了传统价值链的线性思维[24]。

价值共创体系的本质是一种特殊的网络组织。因此，网络组织的定义也对企业价值共创体系的定义研究有一定的借鉴作用。李维安等（2014）定义"网络组织是一个由活性结点的网络联结构成的有机组织系统。信息流驱动网络组织运作，网络组织协议保证网络组织的正常运转，网络组织通过重组去适应外部环境，通过网络组织成员合作创新实现网络组织目标"[5]。以上相关概念的研究为企业价值共创体系内涵的研究提供了坚实的理论基础。

1.2.1.2　关于企业价值共创体系特征的相关研究

（1）关于价值网的特征：大卫·波维特（David Bovet）等（2001）认为，价值网与价值链、企业生态系统有明显的区别，有其独有的特征：

第一，"以顾客为核心"是其最主要的特征。顾客需求不仅是价值创造的起点，更是价值创造的核心内容。

第二，系统化协调合作。价值网是一个增值网络，是由成员企业、顾客、供应商、竞争对手等利益相关者所共同构成的。通过信息共享、有效合作、资源优化配置及统一的评价体系等，共同为顾客创造价值并实现利益最大化。

第三，高度敏捷性。价值网中敏捷的生产、信息流和分销设计有效提高了对市场响应的敏捷性，使成员企业能对顾客需求、供应商网络再造、快速增长等做出快速响应。

第四，快速流动。价值网内部的订单交货循环迅速，有效降低了库存，同时实现了快速、方便、可靠的交货。

第五，数字化。电子商务是价值网交易的重要形式。信息流、技术流和物流的高灵敏度和快速流动使主体间的交易成本和交易时间都大大降低[16]。胡大力（2006）认为，价值网的特征是以顾客价值为核心的，将顾客纳入企业价值共创体系中，及时捕捉顾客的需求，通过数字化的关系网络来协调网络内的企业、客户及供应商的活动，从而快速高效地满足网络成员和消费者的需要[24]。

（2）关于网络组织的特征：林润辉（2004）认为，网络组织的特征为合作性、创造性和复杂性。合作性指网络组织要采取竞合战略通过协作实现组织目标，指出合作性是网络组织系统效能的来源。创造性指网络组织要以创新为灵魂，应对复杂和不确定的环境。复杂性指网络组织是复杂的动态自适应系统。它表现出自学习、自适应、自相似、自组织等特征[25]。

1.2.2　企业价值共创体系结构模型相关研究

1.2.2.1　以非系统视角对企业价值创造网络模型进行的相关研究

学者早期以非复杂系统视角对企业价值网运行模型进行了研究。具有代表性的价值网的运行模型主要有 David Bovet 模型、Prabakar & David 模型、Nalebuff & Brandenburger 模型共三种：

David Bovet 模型[16]。David Bovet 等提出了由价值网内部供应商、顾客、相关业务单位（公司）等利益相关者共同构成的价值网环形结构模型。在这一模型中，顾客处于价值网环形结构的中心位置，通过存取顾客信息、培养关系从而具备对顾客需求敏锐的捕捉能力，并将顾客需求信息以数字化方式传递给价值网内其他伙伴；在环形结构中，不同顾客群的优先权、服务需求与组织内部的信息流、材料流路径相连。此外，供应商网络也受价值网的管理，从而能使供应商低成本、快速地运行，供应商与顾客之间是一种共存、交互作用的增值关系，如图 1.1 所示。

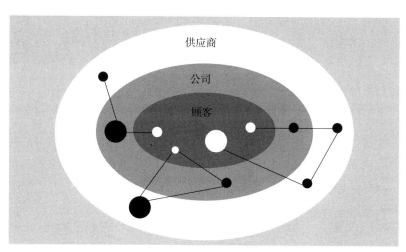

图 1.1　David 价值网模型[16]

注：图中圆圈表示每一类群体。

Prabakar & David 模型[17]。2001 年，Prabakar Kathandaraman 和 David T. Wilson 在《未来的竞争：价值创造》中提出了一种新的价值网模型，引入了核心能力、优越的顾客价值及相互关系三个价值创造核心概念，揭示了价值网所需的核心能力类型及组合关系受顾客需求类型及实现方式等的制约，如图 1.2 所示。

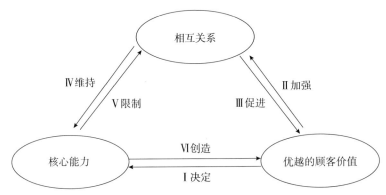

图 1.2　Prabakar & David 价值网模型[17]

Nalebuff & Brandenburger 模型[26]。Nalebuff 和 Brandenburger 基于博弈论理论，提出了"合作创造价值"的价值网模型。他们认为，在开发一个企业策略时，供应商、客户、竞争者和互补者对企业产生影响，并绘制企业博弈图。该价值网模型使人们对价值创造的关注从内部的价值活动转向更广阔意义上的所有商业活动参与者之间的关系，突破了传统公司仅仅利用供应商提供的材料生产产品并同其他生产商竞争以获得顾客的观点，而转向组织间合作与企业利润之间的关系，更强调企业间的合作竞争。企业处在一个由利润相关者共同构成的价值网络中，在这个价值网络中，是参与者之间的共同努力实现了企业的价值创造和利润实现，价值创造受供应商、客户、竞争者和互补者四个核心组织成分的影响。

1.2.2.2　以复杂网络视角对企业价值创造网络模型进行的相关研究

赵春明（1999）认为，虚拟企业运行平台包括信息网络、知识网络、物流网络和契约网络[27]。建立的运营流程如图 1.3 所示。

虚拟企业的运营模式可分为四步。第一步，消费者通过信息网络传达

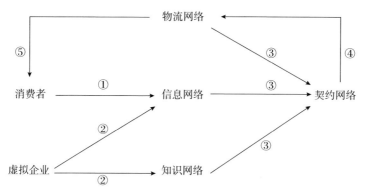

图 1.3　虚拟企业的运作流程[27]

消费需求信息给企业；第二步，企业通过知识网络形成契约网络（生产网），在进入生产网之前信息流、知识流与物流都参与其中；第三步，生产网完成生产后进入物流网络；第四步，物流网络将产品送到消费者处。信息网络的高效使许多步骤几乎同时完成[27]。

　　刘建花（2012）借助复杂网络的无标度网络模型等理论基础，以价值创造模块为单一属性的节点，以节点间关系为连边构建复杂网络，并针对其复杂网络拓扑结构特征研究了企业价值网竞争优势的来源以及治理机制[28]。在分析基于价值网的协作关系结构时，将价值网抽象为供应链企业的战略网络、成员企业的资源网络和产品网络三层立体协作关系复杂网络，如图 1.4 所示。在实际运行中，战略网络主要是通过制定价值网运行的原则和规范，指导整个网络高效运作，增强网络的整体竞争能力，进而获得最大整体利益，是对价值网管理中核心问题的协调，是实现价值网协同管理的重要基础。资源网络根据价值网战略目的的不同，可以把各企业节点资源重新分配，达到最佳的生产状态。产品网络通过对市场的不断细分以及客户需求的不断分类，形成特定的产品体系和品牌体系，以满足细分市场的用户需求；通过产业内各企业的合作配合，可以加快新产品进入市场的速度，有利于不同企业之间的沟通和知识共享，使产业成员的知识学习能力和知识共享能力得到提高，从而有助于提升产业整体企业自主创新能力。三个层面有机协作形成企业竞争优势。

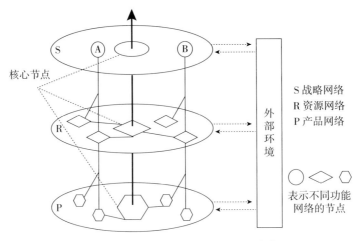

图 1.4 价值网的协作关系结构图[28]

明新国（2015）利用超网络理论建立了虚实两类网络融合的工业产品服务价值创造网络，该网络是包括资金网络、物流网络、信息网络、服务网络相交织的工业产品服务价值创造网络。通过对比产品导向型交付网络、服务导向型交付网络、绩效导向型交付网络达到均衡的收益速率，发现绩效导向型交付网络模式优于其他两种模式，可以达到企业和顾客双方的共赢[29]。

1.2.3 基于复杂系统视角的企业价值共创体系相关研究

在贝塔朗菲系统论建立之后，部分组织学者开始以系统的视角或观点研究企业。最早以复杂系统视角在管理学界进行研究的是乔治梅森大学的沃菲尔德（J. N. Warfield）教授。管理复杂性研究的代表学派为：混沌学派、结构学派、系统动力学派、适应系统学派、暧昧学派。他们认为企业是动态的开放系统。主要研究结论有：①现实企业组织系统很多都达不到均衡状态；②采用还原论的方法分析复杂组织是错误的，组织系统研究不能只研究其组成的部分单元或是系统中的部分内容，而是要先研究整体系统,进而研究其组成系统;③初始状态相似的系统可能沿着不同的演化路径发展,极小的细微差别会影响系统演化的复杂过程,使其沿着不同的路径、轨迹发展;④复杂系统具有复杂性特征(包括网络组织环境的复杂性、结构的复杂性、动态性、自学习性、自相似性、自组织性);⑤混沌现象在组织系统中普遍存在,混沌自然地向着系统的有序发展进化;⑥复杂模式源于系统要素简单规则的交互作用,系统会出现新的层级,而且每个层级的属性也会不同[30]。

以复杂系统的视角对企业价值共创体系的研究主要包括网络组织理论、企业生态系统理论等组织理论。系统观点认为企业是生命有机体。企业的边界从有形实体向无边界网络化组织过渡,企业运作以顾客为起点和中心,企业生存的核心能力是适应环境并为顾客创造价值。有代表性的是,李维安等(2014)认为网络组织是新型的组织形态,以系统观深入地研究了网络组织的内涵和系统复杂性特征,以及网络组织的构建、运作机制、绩效评价与协作利益分配等内容[5]。

1.2.4 企业价值共创体系的价值创造能力涌现相关研究

目前学者对管理领域涌现的研究主要从定性和定量两方面展开:

1.2.4.1 涌现定性研究

张琳玲等(2013)从复杂适应系统的特征角度描述了企业创新系统的涌现过程,通过规模效应及组织效应对企业创新系统的涌现机理进行了剖析[31]。张智勇等(2009)基于复杂适应系统涌现性机理研究了物流产业集群及其服务创新,指出物流产业集群涌现性的强弱与其服务创新能力的高低成正比[32]。尤利平(2014)分析了物流产业集群涌现性的发生条件、特征及涌现规律,总结了物流产业集群分工机制与涌现性的对应关系,在基于涌现性的物流产业集群模型基础上,构建了基于涌现性的物流产业集群服务创新机制模型指导物流产业集群的发展[33]。张昊一(2012)基于涌现理论研究了我国传统产业创新能力,通过对系统涌现性来源的分析,将产业持续创新能力分为主体能力和架构能力，并构建了两种能力的构成要素体系，分析了我国传统产业持续创新能力生成机理，设计了基于涌现性的传统产业持续创新能力评价指标体系，并对河北省钢铁产业的持续创新能力进行实证研究[34]。胡杨（2015）以复杂适应系统的涌现原理研究产学研合作创新集聚体的特征，认为非线性的相互作用、自组织、受限生产过程是集聚体产生涌现的内在逻辑机制，以适应能力建构为特征的环境策略是集聚体产生涌现的外在条件[35]。谷鑫、郑绍钰（2017）分析了战略性新兴产业创新集群的涌现性特征表现，包括创新能力与学习能力的涌现、创新成果的涌现、创新效益的涌现、网络结构与功能的涌现、集群竞争力的涌现[36]。乔利利（2014）[37]，韩凤晶、陈俊宏（2016）[38]基于复杂适应系统理论研究了企业动态核心能力的涌现内涵、涌现机理和分类标准等。金杰、金福（2018）基于智能复杂适应系统理论，建立了知识演化及涌现过程受限生成模型[39]。

　　1.2.4.2　涌现定量研究

　　涌现计算与建模的主要方法有多智能体系统、非线性系统动力学、元胞自动机、人工神经网络、遗传算法、蚁群算法等[40]。王蒙（2012）建立了集群行为与合作行为涌现的元胞自动机模型[41]。刘媛华（2012）阐述了集群合作创新涌现的发展过程，构建了集群合作创新涌现的动力模型研究企业集群各阶段合作创新涌现的变化，并发现了投入增长率是影响模型的重要参数，集群创新发展的最佳位置是处于秩序与混沌之间的复杂阶段[42]。武鑫喆（2015）基于多 Agent 构建了供应链涌现模型并进行仿真实验[43]。霍传冰等（2017）基于复杂适应系统理论，以生物制药产业为研究对象构建了产业技术创新能力系统涌现度量模型[44]。贺小格（2014）通过对 392 家企业的调研，运用结构方程模型建模提取和分析影响组织机制涌现的因素（组织环境、组织资源、组织能力、组织机制和组织绩效）对组织效能绩效的涌现机理。从对组织绩效涌现的效应贡献看，环境最为重要，其次是组织能力，随后是组织机制和组织资源。促进组织绩效涌现需要整体把握，合理协同配置，因地制宜[45]。

1.2.5 企业价值共创体系的价值创造能力评价相关研究

1.2.5.1 关于实体企业价值创造能力的研究

我国学者别晓竹、侯光明（2005）提出了价值创造能力的三维结构，即业务层面的组分能力、支持层面的结构能力及发展层面的动态能力[46]。傅俊元、丁慧平（2007）认为企业价值创造能力表现为四个方面的能力：市场识控能力、组织管理能力、技术创新能力和网络合作能力[47]。

1.2.5.2 关于网络价值创造能力的研究

王建平、吴晓云（2018）从网络价值创造的动态过程角度，将网络价值创造能力分为存量网络价值整合能力和潜在网络价值重构能力两类[48]。所谓存量网络价值整合能力，是指在现有价值网络中，企业通过彼此识别机会和价值属性，促进相互合作、资源互补，共同将现有网络中的存量价值开发出来并促进绩效提升，形成暂时的帕累托最优状态的能力（Das and Teng，2000）[49]。所谓潜在网络价值重构能力，是指企业通过识别挑战和网络伙伴的优势，将优势转化为价值属性，并对现有价值网络进行解构和重构，以实现帕累托改进和整个网络价值总量增长的动态能力（Brandenburger and Nalebuff，1997）[50]。在此过程中，企业会淘汰无法继续创造价值的网络成员，同时吸纳新的价值创造伙伴，进而生成可以创造更大价值的新的关系网络，是一个网络价值重构的过程。黄玉梅、储小平（2017）提出国有企业总部的价值创造活动价值创造过程的七个维度：资源整合、管控适应、体制突破、惯例改变、联结影响、独立影响、职能影响[51]。王宇巍（2018）分析了企业组织结构与管理模式对轻资产模式下专利密集型公司价值创造能力的影响[52]。

1.2.5.3 关于企业价值创造系统的评价研究

众多学者认为商业模式是企业价值创造系统。Hamel[53]和Osterwalder[54]是商业模式系统论的典型代表，Hamel提出的核心战略、战略资源、顾客界面、价值网络四要素模型，Osterwalder提出的九要素模型和Chesbrough[55]提出的商业模式六要素模型，都从价值创造系统要素以及要素彼此关系方面抽象分析了价值创造系统的内涵并以此作为评价的依据。一些学者从系统流程或系统整体等视角评价了价值创造系统。Amit 和 Zott[56]认为商业模式是超越企业运营边界的运营体系，从交易内容、交易结构和交易治理三个维度对体系进行评价；Godjin 和 Akkermans[57]则以参与价值创造的主体之间的价值流动为视角建立了利润和效益二维评价模型。Mahaevan[58]将价值创造系统看成价值流、收益流和物流的唯一混合体。孙连才、王宗军（2011）[59]基于动态能力理论建立了包括企业外部环境、技术条件、企业内部资源、管理、文化和价值创造六个维度的价值创造系统指标评价体系。Morris 等（2005）[60]提出价值创造系统要素匹配性是价值创造系统成功的关键。薛维峰（2012）[61]把价值创造系统作为一个系统，描述了其涌现特征，并指出应从客户需求响应质量、响应速度与灵活度、盈利能力、自由现金流、稳定性与可持续性五个方面建立指标体系。陈学猛、丁栋虹（2014）[62]通过分析价值共赢的六个竞争优势提出了价值创造系统评价的一个有效标准。

1.2.6 研究述评

通过以上文献的研究可知，基于复杂系统和复杂性科学理论对企业价值共创体系的研究是一个新兴领域。尽管前人的研究为本书的研究提供了许多可借鉴的理论依据和研究基础，但是，对于以复杂系统和复杂性科学视角研究企业价值共创体系的相关研究尚处在探索阶段，研究内容有待突破，研究方法有待改进。

（1）现有研究文献表明：关于企业价值共创体系的研究，国内外学者多是以网络组织、虚拟企业、价值网等概念从不同视角和层面进行研究，缺乏完整的理论体系。对于企业价值共创体系系统复杂性的机理缺乏深入的研究，对适用于企业价值共创体系的管理与控制方法的研究还有待于进一步深入。在研究方法上，没有发挥定性与定量、数学推理与计算机仿真模拟、局部分析与整体优化相结合的各种不同方法的特点，并且，没有对我国制造企业的价值共创体系进行研究。

（2）以价值网络视角研究企业价值创造的内容还不多。大部分学者在研究企业价值创造时强调企业本身在价值创造中的作用，忽视企业外部因素对价值创造的影响[63]；研究视角单一，缺乏对价值共同创造的全面理解等[64]。这些研究在网络经济下难以为企业价值共创体系实践提供有效的指导。目前，已有一些学者开始从价值网视角探讨企业价值共创体系[65]，但相关研究更多的是从价值交换和价值实现的视角进行探讨，缺乏对企业价值共创体系的系统性思考，缺乏对企业价值活动整个过程的考察，无法构建有效的价值创造体系来满足企业价值共创体系竞争的要求[66]。

（3）对于企业价值共创体系结构的研究有待进一步深入。首先，没有从体系的角度对企业价值共创体系进行研究，体系是系统的系统[67]。企业价值共创体系不是单纯的系统集成，它具备组成系统独立、关联关系相互依赖、动态演化与涌现等特征[67]。结合复杂系统理论和超网络理论对其进行研究更能体现其结构特征。其次，以往研究未能对企业价值共创体系的复杂性加以重视，企业价值共创体系具有网络多层、节点异质、功能关系多维的超网络结构特征。用单一性质节点构成的复杂网络无法全面、细致地描述和分析企业价值共创体系。

（4）对企业相关的网络组织系统的涌现机理的认识仍有不足：首先，学者大多运用复杂适应系统理论对企业网络化组织系统的涌现机理进行了定性描述，对涌现现象影响因素、复杂关系及机理的建模仿真研究不够深入。其次，对企业价值共创体系的涌现现象研究不足，尤其是基于超网络理论研究企业价值共创体系中的价值流动过程、企业价值共创体系的演化及其涌现机理还不多见。

（5）对企业价值共创体系的价值创造能力评价的研究仍有可拓展空间。首先，已有企业价值共创体系评价的研究以传统竞争环境为背景，以单个企业的资源和能力为理论基础，不适用当前的超竞争复杂动态环境，难以精确地描述价值共创体系中企业的持续竞争能力和环境敏捷适应能力。其次，基于传统理论的静态性价值共创体系评估方法无法真实评估企业价值共创体系的价值创造能力。在基于系统视角研究企业价值共创体系评价的研究中没有充分考虑企业价值共创体系的动态演化和涌现的整体系统特征，而系统的涌现理论为企业跨越实体边界的价值共创体系整体属性的评价提供了理论依据。

国内外价值创造文献发展趋势，表现为以下几点特征：第一，对企业的价值创造能力来源的认识发生变化。基于企业个体的价值创造理论认为企业的价值创造能力来源于企业内部的资源或能力。现代企业价值创造能力来源研究的视角更关注企业外的范围，以更广阔的空间研究企业的价值创造能力，更关注如何在跨越企业实体边界的价值网络内建立价值创造能力。第二，价值创造能力的构成要素研究从单要素到多要素，其中信息要素被提升到非常重要的高度。第三，价值创造的主体研究从研究企业自身到研究包括企业、利益相关者、客户、全社会领域价值创造参与者等多个个体的共同创造。还有学者在此基础上从营销学视角分不同主体主导对价值创造进行了研究。第四，在研究方法上，体现出从基于传统的线性思维还原论的方法到复杂系统理论方法的转变。第五，在研究内容上，从管理学战略角度，掀起了对价值创造方式的研究热潮。更注重新经济环境下的价值创新的研究，价值创造的空间维度也从传统的现实世界向网络虚拟空间与实体空间的双重空间扩展。第六，价值创造理念从关注企业个体利润的利己思想向关注企业、客户和合作企业的共同利益的利他思想转变。

总之，对企业价值共创体系的结构、价值创造能力的构成与评价、涌现机理等的研究以及对复杂系统理论、超网络理论与方法的应用研究尚存在较大的空间。鉴于此，本书拟在已有研究成果的基础上，以我国制造企业的价值共创体系为研究对象，对其价值共创体系领域的相关问题展开研究，为提升我国制造企业价值共创体系的价值创造能力提供理论和实践指导。

1.3 研究内容、研究方法与技术路线

1.3.1 研究内容

本书以我国制造企业的价值共创体系（以下简称体系）为研究对象，从介于企业和商业生态系统之间的中观层次视角进行研究。摆脱传统还原论的线性思想框架，综合运用复杂系统相关理论、超网络理论、系统涌现理论等，对我国制造企业价值共创体系概念、企业价值共创体系结构、价值创造能力构成、价值创造能力涌现机理、价值创造能力评价、价值创造能力提升机制与策略等内容依次展开研究。主要内容如下：

（1）企业价值共创体系理论阐释。在系统梳理国内外关于企业价值创造理论最新研究动态的基础上，基于复杂系统理论、系统涌现理论和超网络等理论和方法建立企业价值共创体系的基本理论框架，界定企业价值共创体系的内涵，分析其功能、特征及结构等并定义制造企业价值共创体系。

（2）我国制造企业价值共创体系结构研究。企业价值共创体系结构研究是对其价值创造能力相关问题研究的基础。运用超网络理论在体现企业价值共创体系中各类价值模块及属性复杂性的基础上，构建具有层级结构的体系超网络结构模型，确定了体系整体功能、体系抗毁能力和体系关键节点识别三类关键指标，用以表征企业价值共创体系结构及功能特性。以该超网络模型为框架，仿真验证了我国制造企业价值共创体系由价值探测及分析系统、协调控制系统、协同生产系统构成，比较了不同结构设计下三类指标的差异，验证了体系结构决定体系功能。

（3）我国制造企业价值共创体系的价值创造能力及其构成维度研究。理论分析了我国制造企业价值共创体系的价值创造能力的内涵及构成维度，

并通过问卷调查方式获得 213 家制造企业数据，设计单元级价值创造能力的构成要素量表，运用探索性因子分析和验证性因子分析方法实证研究我国制造企业价值共创体系的价值创造能力的三阶十维结构。

（4）我国制造企业价值共创体系的价值创造能力的涌现机理研究。运用复杂系统理论、超网络理论，针对企业价值共创体系的层次性、价值创造单元的异质性及交互作用的非线性，构建由实体层、功能层组成的企业价值共创体系超网络模型。分析层级网络间的关系，研究单元-能力映射关系和能力-能力关联关系，价值创造单元自身作用、价值创造单元相互作用、体系内环境、体系外环境四类因素对单元级价值创造能力的影响，建立单元级价值创造能力演化模型和体系级价值创造能力涌现模型。运用计算机模型与仿真技术分析我国制造企业价值共创体系的价值创造能力涌现过程，并讨论了不同结构设计和影响因素变动对体系价值创造能力的影响。

（5）我国制造企业价值共创体系的价值创造能力评价研究。以系统涌现理论为基础，建立包含继承类涌现和非继承类涌现两类指标的价值创造能力评价指标体系和评价模型。运用因子分析等方法对我国某高新技术行业内 213 家制造企业价值共创体系的价值创造能力进行分析和评价。

（6）我国制造企业价值共创体系的价值创造能力提升机制与策略研究。提升我国制造企业价值共创体系的价值创造能力机制包括组织机制、运行机制、保障机制。提升我国制造企业价值共创体系价值创造能力的对策包括加强我国制造企业的价值共创体系建设、培育制造企业价值共创体系各单元级价值创造能力、完善体系结构和改善体系环境四个方面。

1.3.2 研究方法

本书拟采用的研究方法概括起来主要有以下几类：

（1）复杂系统、超网络分析方法。采用复杂系统、超网络理论和方法构建企业价值共创体系的拓扑结构模型，研究制造企业价值共创体系的结构；构建基于结构-能力的我国制造企业价值共创体系超网络模型，研究其价值创造能力涌现机理。

（2）社会调查法。采取问卷调查、企业访谈、专家访谈和会议研讨等方法拟定多个调查量表，研究我国制造企业价值共创体系的价值创造能力系统的构成维度等。

（3）系统模拟仿真和数学建模方法。建立企业价值共创体系超网络拓扑结构模型，并仿真分析对比两种价值流转策略的三类指标的差异；建立制造企业价值共创体系价值创造能力涌现数学模型，并进行模拟仿真实验，分析制造企业价值共创体系的价值创造能力涌现机理。在分析我国制造企业价值共创体系的超网络结构和研究体系价值创造能力涌现机理时，运用邻接矩阵和数学解析对我国制造企业价值共创体系的结构和涌现过程进行了分析。

（4）结构方程分析方法。在分析我国制造企业价值共创体系的价值创造能力系统结构中，利用结构方程分析其价值创造能力的构成维度。

（5）统计分析。在分析我国制造企业价值共创体系的价值创造能力结构研究中和建立我国制造企业价值共创体系的价值创造能力评价模型时，分别运用 SPSS 软件进行因子分析、方差分析等，得出相对定量的分析结论。

1.3.3 技术路线

本书技术路线如图 1.5 所示。

本书的研究逻辑顺序为：根据现实背景和理论背景确定研究的选题，按照从制造企业价值共创体系的"价值创造能力认识—价值创造能力评价—价值创造能力提升"的研究框架（其中，制造企业价值共创体系价值创造能力的认识按照"企业价值共创体系概念研究—制造企业价值共创体系结构研究—制造企业价值共创体系价值创造能力构成的维度研究—制造企业价值共创体系价值创造能力的涌现机理研究"展开），综合运用复杂系统、超网络、系统涌现、情报系统管理等相关理论，采用系统建模、仿真模拟实验、因子分析、结构方程等方法，逐步对我国制造企业价值共创体系的超

我国制造企业价值共创体系的价值创造能力研究

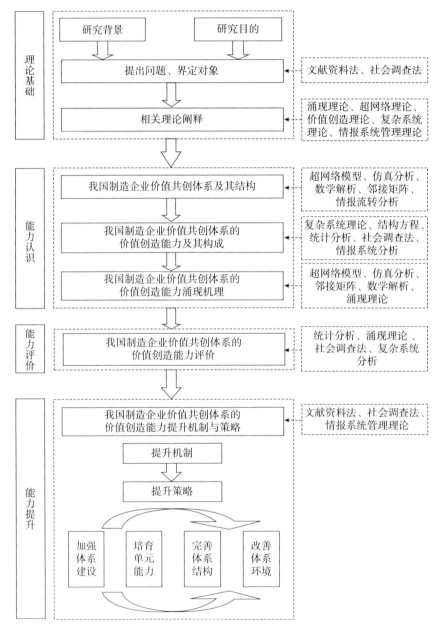

图 1.5　技术路线

网络结构、价值共创体系的价值创造能力构成、涌现机理、价值创造能力评价及提升机制与策略等内容展开研究。

1.4 主要创新点

（1）本书综合运用情报学、复杂系统与复杂性科学、价值创造学等多门学科中的超网络、情报系统管理等多种理论与方法，对制造企业价值共创体系的价值创造能力进行研究，拓展了不同理论与方法的研究内容与应用领域。本书以体系概念与企业虚拟边界视角分析制造企业价值共创体系的结构、能力等，拓展了企业战略情报管理理论的研究边界和体系工程理论的应用领域。

（2）现有文献对超越组织边界的网络组织结构研究主要从复杂适应系统[4]、复杂网络[28]等视角展开，但相关文献并没有以超网络与情报流转分析视角研究企业价值共创体系的结构。本书以超网络模型为工具研究了制造企业价值共创体系的结构，并基于超网络结构特性定义了体系整体功能、体系抗毁能力和关键节点识别三类关键指标，通过仿真分析，验证了我国制造企业价值共创体系结构是由价值情报探测及分析系统、协调控制系统、协同生产系统构成。通过比较不同结构设计下三类关键指标的差异，发现制造企业价值共创体系的结构决定了体系的功能。

（3）现有文献对企业价值共创体系类似组织涌现机理的研究多基于复杂适应系统的受限生成模型、耗散结构理论或协同学理论阐释[38-43]。但是，已有文献缺少以超网络理论为工具研究企业价值共创体系或类似组织的涌现机理。而本书基于超网络模型分析我国制造企业价值共创体系价值创造能力的涌现机理。通过构建由实体层、功能层组成的制造企业价值共创体系超网络模型，建立单元级价值创造能力演化模型和体系级价值创造能力涌现模型。运用计算机模型与仿真技术分析我国制造企业价值共创体系的价值创造能力的涌现过程。研究发现，我国制造企业价值共创体系的价值创造能力的本质是体系涌现的结果，具有"1+1>2"的效应，体系的价值创造能力由单元级价值创造能力经系统级价值创造能力层层聚合而成，并可通过单元级价值创造能力的非线性聚合关系式加以表达。体系的结构和体系所处的内外环境影响体系的价值创造能力的形成。影响体系价值创造能力形成的五种重要单元级价值创造能力分别是价值创造模式设计能力、指挥决策能力、资源配置能力、快速反应能力和精准生产能力。

（4）本书通过分析并设计我国制造企业价值共创体系单元级价值创造能力的要素构成测量量表，并采用问卷调查方式获得 213 家制造企业数据，运用结构方程模型验证了我国制造企业价值共创体系价值创造能力系统的三阶十维结构。

（5）现有文献主要从企业实体边界内部视角[51]、非系统视角评价企业的价值创造能力或者以价值创造能力的构成要素评价企业的价值创造能力[61]。而本书基于系统涌现理论，建立包括继承性涌现和非继承性涌现两类指标的制造企业价值共创体系价值创造能力评估模型。运用 SPSS 统计分析工具，利用因子分析方法对我国制造企业价值共创体系的价值创造能力的水平和结构进行分析和评价。

2

相关理论基础

2.1 超网络理论

2.1.1 超网络概念

1985 年，Denning 最早提出超网络的概念[68]。Sheffi 在进行城市交通网络流量平衡分析时，利用超网络表示交通网络路线选择的联合模型[69]。2002 年，Nagurney 和 Dong 进一步明确了超网络的含义，把高于而又超于现存网络的网络称为"超网络"[70]。目前，超网络还没有公认的定义，超网络通常指规模巨大、节点异质、连接关系复杂的网络。主要特征为网络嵌套网络、多层级、多维流量、多种属性/准则等[71]。超网络特别适合表述不同性质网络的复杂交互作用和影响，在网络结构建模、网络结构分析、体系功能关系描述方面具有一定的优势，被广泛用于描述各种复杂网络问题。企业价值共创体系具有超网络的典型特征，例如，体系是由多个网络嵌套而成的，具有多层级、多流量和多属性等特征。一般的复杂网络很难细致、准确地反映体系节点异质、关系多维等网络结构。因此，本书应用超网络理论描述和分析企业价值共创体系更符合其特点和性质。

超网络分为两种，基于网络的超网络（Supernetwork，Network of Network）[72-73]和基于超图的超网络（Hypernetwork）[74]；两种观点侧重点各有不同。第一类超网络（Supernetwork），其网络节点本身也可以是一个复杂网络，强调梳理网络结构，适合于解决具有多层次网络的建模问题。它关注于现实网络多层、多级、多维网络流的复杂特性，目前已广泛应用于交通网络、生物网络、社会网络中[75-76]。研究不同性质网络间的相互作用也逐渐成为当前的热点问题。第二类超网络（Hypernetwork），则通过简化层次结构，从而更清晰地描述同层节点之间的联系。它以超图理论为基础，将二元结构扩展到多元结构。超边的引入，不仅降低了网络结构的复杂度，而且很好地刻画了网络中的复杂关系。这种独特优势，是一般的复杂网络方法所不及的。Estrada、Rodríguez-Velázquez 认为凡是可以用超图表示的网络就是超网络[74]。

两种超网络的示意图如图 2.1 所示[77]。本书围绕第一种超网络，即基于网络的超网络展开研究。

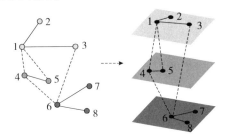

（a）基于网络的超网络（Supernetwork）

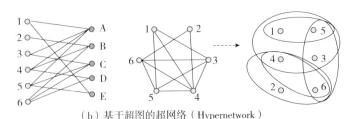

（b）基于超图的超网络（Hypernetwork）

图 2.1　两种超网络示意图

2.1.2 超网络的结构特性

部分研究成果围绕定义指标和测度，刻画真实网络的拓扑结构展开。Zlatić 等分析了三部超图模型的聚类系数等统计特性[78]；Wang 等给出了点度分布、聚类系数、平均距离等拓扑属性的定义[79]。其他相关概念，如超边度、超边重叠度[69]、超边相似度[80]、余平均超度[81]等定义也日渐明晰。此外，学者设计了不同的方法研究中心性问题，Xiao 等给出了节点重要性度量[82]；马宁、刘怡君结合超边间的影响因素，提出 Superedge Rank 算法识别中心超边[83]。其他研究还包括结构度量指标[84]的给定、社团结构探测[85]等。本书在总结已有文献中超网络结构特性指标基础上，结合企业价值共创体系结构特性，定义体系的整体特性和局部特性指标，对我国制造企业的价值共创体系的结构特性进行研究。

2.1.3 超网络模型

近年来，国内外部分专家学者应用超网络理论从三个方面对管理领域的相关问题的建模及应用展开有益的探索。第一是超网络对于供应链网络[86-91]、金融网络[92]、产业集群网络[93-97]、科研合作网络[98]、产学研协同创新网络[99-100]、创新网络[101]、知识型企业[102]等建模及其均衡优化的研究。第二是情报学研究的热点，即知识超网络的建模及其网络运作机理等的研究[103-108]。第三是以微博、微信等新媒体为媒介的信息传播网络的建模及其传播机制等的研究[109-111]。

在供应链超网络研究方面，董琼、马军（2011）对国内外供应链网络进行了研究综述和调研，其综述的模型是由多层、多决策者的分散化决策构成的供应链超网络[89]。在产业集群方面，王梅、王文平（2012）利用超网络方法建立产业集群升级模型，探究了集群规模、数量等变动所导致的网络中流和超网络均衡状态的变化，直至最终实现集群升级并结合案例分析了网络互动的现实意义[96]。于洋（2009）通过研究由知识、人和物质载体共同构成的知识体系，发现知识管理中存在的问题，提出利用知识超网络对其进行建模与描述，利用知识超网络分析和解决这些问题[108]。在产学研合作创新方面，刘勇（2017）利用超网络方法设计了相互影响、相互作用的社会关系网络、协调网络和产学研合作网络，构建了基于金融资本和中介作用的产学研协同创新超网络均衡模型及其实现路径[100]。

超网络的复杂性主要体现在它与复杂网络相比，其节点和连边不是同质的，而是异质的。因此，它的架构为研究网络之间的相互作用提供了新的方法。现实世界中，大多数复杂系统都具有超网络的结构和特性，本书分析的企业价值共创体系就具有超网络的典型结构和特性，所以本书在分析企业价值共创体系的结构时应用了超网络模型。企业价值共创体系的各系统要素之间的复杂关联关系用一般简单网络、复杂网络已经无法进行真实描述和刻画。由于超网络具有多层性、多重性和嵌套性，利用超网络分析方法，可以挖掘复杂系统潜存的未被发现的隐性关联，可以较完整地描述和刻画系统结构和特性，从而揭示和显现事物之间用其他网络模型不能揭示和显现的关联关系，所以在分析企业价值共创体系价值创造能力涌现机理时，本书用两类关系来刻画企业价值共创体系结构的复杂关系：第一类是价值创造单元之间的价值流动形成的关联关系，它的作用是实现了体系内部价值流转和价值增值的功能；第二类是能力关联关系，它是由价值创造单元之间功能耦合作用而形成的关联关系，是体系能力涌现的源泉。通过数学语言将两类异质节点、节点之间的多维连边关系、各网络之间的相互影响和作用机理，结合超网络模型加以描述。该模型能够很好地诠释价值共创体系能力的形成过程，从而为企业价值共创体系涌现机理模型构建建立良好的理论基础。

2.2 复杂系统理论与复杂性科学

2.2.1 复杂系统理论

2.2.1.1 复杂系统理论简介

复杂系统理论是指利用系统的观点，辩证地处理局部和全局的关系，站在全局角度考虑，寻求最优的解决办法的过程。系统方法通常根据被应用的对象和背景设计不同的形式和内容。复杂系统思想将研究对象看作系统要素之间相互影响、相互制约的整体。通常将系统内部的复杂关系抽象成网络，以便从具体细节和战略整体两个方面识别和研究对象。本书将企业的价值共创体系看作一个复杂系统，在分析其系统的构成要素及要素间关系的基础上，对价值共创体系结构及其各级系统的价值创造能力进行分析。学者普遍认为复杂系统有五个特征：第一，系统由互相作用的单元构成联系紧密的网络；第二，系统结构具有多层次、多功能特征，每一低层单元是构筑上一层次的基础；第三，系统可以对结构和功能进行重组；第四，系统具有开发性并能适应环境的变化；第五，系统在动态中具有智能和自组织能力。

复杂系统为我们研究企业价值共创体系提供了全新的视角。系统观是研究系统的一般模式，是结构和规律的一种学问，它用数学定量的方法描述系统的功能或特性，探寻系统的原理、原则，研究系统的结构、功能与涌现规律等，是具有逻辑和数学性质的一门交叉学科。企业价值共创体系明显具有复杂系统的特征，表现在体系是由人参与的并可以改变环境、体系对环境具有自组织反馈作用、体系内部存在非线性作用等。因此，运用复杂系统理论研究我国制造企业价值共创体系不仅使学者深刻认识企业价值共创体系的本质特征，而且也提出了基于系统复杂性研究企业价值共创体系运作和管理的新课题。对我们认识和把握企业价值共创体系，对体系的特征、涌现规律的理论分析和阐释，对推动体系运作和价值创造能力的提升都具有重要的理论和实践意义。

2.2.1.2 体系概念及与系统的区别

体系被称为系统的系统（System-of-Systems，SoS）[112]，可以理解为比一般系统更为复杂的系统与系统组合而成的更巨大系统，是目前大多数大规模集成体（包括系统、组织、自然环境、生态系统等）普遍存在的现象[113]。体系不是单纯的系统集成，它具备组成系统独立运行、组成系统独立维护、组成系统区域分布、涌现行为、体系不断演化发展五种特征[114]。体系通过系统相互组合连接，总体能力远大于其构成系统能力之和[115]。

系统是由众多要素以特定结构连接成的有机整体。系统构成主要有三个条件：第一，组成成分的多样性；第二，组成成分之间的关联性；第三，组成独立性和功能特定性。体系是由多个既相互独立又相互联系的系统所构成的更大的系统。体系是一种更加复杂的系统，同样具有系统特性。体系与系统相比具有显著的五项差别[116]。体系能够涌现出新的功能，构成要素是动态变化的，更多的体现的是组合关系，组成部分是松耦合。具体差别如表 2.1 所示。

表 2.1　系统与体系的比较

特性	系统	体系
复杂性	一般系统的复杂性不明显	体系的一项重要特征。表现在体系结构、行为与演化复杂性上
整体性/涌现性	系统表现出"整体大于部分之和"的特征，从整体中必定可以发现部分中看不到的系统属性和特征	体系也具有"整体大于部分之和"的特征，但是表现出强烈的涌现特性。体系将具有大量组成组件完全没有的特征和属性

特性	系统	体系
独立性	系统的各要素一般不具有独立性	体系各组件是独立存在的
目标性	通常系统都具有某种目的，为达到既定性目标和目的，系统都具有一定功能，而这正是系统之间相互区别的标志	体系拥有超过一个目标，但是在特定条件下有一个核心目标主导体系运行
层次性	一个系统可以分解为一系列的单元，并存在一定的层次结构	体系可能存在层次结构，也可能不存在，如互联网上的节点可以是网状结构

企业价值共创体系是由多个具有独立功能的系统通过松耦合协同作用而形成的具有涌现特征的复杂大系统，它最终涌现出各个系统不具有的新质价值创造能力。体系最重要的特性之一是体系整体大于各组成部分之和，即体系的涌现性。任何体系组成部分的改变都可能会影响系统中其他组成部分或关系的改变，从而影响体系整体的功能或特性，因此本书用体系的概念诠释企业价值共创网络更符合其结构特征，比用系统概念更为贴切和准确。

2.2.1.3 体系的结构

从系统工程和系统论角度，系统结构（System Structure）是指系统各组成要素之间各种关系（或关联方式）的总和，是系统保持整体性以及具有一定功能的内在根据。系统结构 S 可以抽象表示为式（2.1）：

系统结构 S＝{系统组成要素全体，各组成要素之间的关系} （2.1）

企业价值共创体系的结构是企业价值共创体系各组成要素及要素之间的相互关系。企业价值共创体系结构按照不同的视角可以有不同的表达方式，其中一种表达方式为：组成要素是价值创造模块，价值创造模块的主要功能是实现价值获取、传递、处理、利用、控制、管理等；组成要素之间的关系是按照价值创造不同功能而形成的业务处理关系。本书在分析企业价值共创体系结构时采用的就是这种系统结构的表达方式。

从系统论的角度看，系统结构是企业价值共创体系存在的方式，它决定了企业价值共创体系的形态、属性和功能，也是企业价值共创体系特性的标志和功能的载体。企业价值共创体系强调整体性，而企业价值共创体系结构是确保系统整体性、发挥系统整体效能的重要因素。一个好的企业价值共创体系结构，应能满足一些基本的要求，如能支持系统完成预期的功能；各组成部分之间能方便地交换信息，信息流程要短，以减少系统的反应时间；有足够高的可靠性；便于进行系统监控和故障定位；结构灵活，有重构能力等。因此，良好的系统结构决定了企业价值共创体系的功能及特性。

体系不仅具有结构的层次性，而且具有功能的多样性。体系由多个系统构成，而按照系统内部组成成分之间的关联程度，系统又由各子系统构成。所以，体系可划分为三个基本层级。即体系—系统—子系统。体系功能的多样性是指体系具有多种功能。体系的整体功能与其所包含的系统、子系统之间的关系具有复杂性，表现为：第一，系统内部具有非线性机制；第二，系统整体的涌现性；第三，各级系统功能的异质性。

企业价值共创体系是应对体系价值创造的一种制度安排，它是一种网络化价值共创形式。企业价值共创体系的结构可分为三个层级。首先，企业价值共创体系是多个系统组成的体系，这是第一层级；其次，体系所包含的系统是第二个层级；最后，系统所包含的子系统是第三个层级。所以，本书对企业价值共创体系结构的研究从体系的层次性特征展开。

2.2.2　复杂性科学

复杂性科学主要从复杂性科学概述、复杂性科学对企业管理科学的挑战两部分加以阐述。

2.2.2.1　复杂性科学概述

2012 年 *NATURE* 以专刊的形式向世界展示了复杂网络和复杂性科学，国外学者称复杂性科学是继相对论和量子力学之后的又一次革命。物理学家霍金认为，复杂性科学是 21 世纪最重要和最需要研究的科学。可见，复杂性科学将是一个非常具有研究价值和研究前景的研究领域，或者说是一种有研究价值的方法或视角。复杂性科学不是一门具体的学科，而是以数学理论为基础，在复杂系统理论研究的基础之上，研究系统的演化规律和涌现机理，用以认识世界和改造世界的多个领域交叉的新兴科学。宋学峰（2003）认为运用非还原论方法研究非线性反馈复杂系统产生复杂性的机理及其演化规律的科学为复杂性科学，其研究方法主要有理论分析法和复杂系统模型分析方法[30]。

2.2.2.2 复杂性科学对企业管理科学的挑战

企业价值共创体系具有复杂系统的非线性特征。基于传统的企业管理理念、经验和方法都将不再适用于现代管理模式。对于处于超竞争环境的企业，未来的不确定性决定企业成功的理念不再是博弈、竞争，而是在不断变化和不确定的环境中为组织的生产和发展谋求出路。企业成功的方法是基于对环境的适应，对企业价值共创体系的所处环境的影响力和对企业价值共创体系整体系统灵活掌控的能力。

复杂系统的思想和方法改变了管理者对企业面临问题的思考方式，是描述和分析企业价值共创体系时的一个创造性的工具。为我们理解企业价值共创体系以及什么使体系成为现在的模样提供了最有力的工具；为我们更准确、全面地重新勾勒企业价值共创体系这个复杂的世界提供了新的方法论。

企业价值共创体系复杂性背后隐藏着"简单规律"，而正是这些简单的规律的非线性作用机制造就了系统的复杂性。理解、揭示这些"简单规律"便可有效地预测企业价值共创体系的发展规律并控制和管理整个企业价值共创体系。本书正是基于这样的信念来研究和探索企业价值共创体系的价值创造问题。

2.3 系统涌现理论

2.3.1 涌现概念

我国古代的老子就有"有生于无"的系统涌现思想的论述。国外许多著名学者，如科勒（W. Kohler）、切克兰德（P. Checkland）、贝塔朗菲（L. V. Bertalanffy）、约翰·霍兰德（J. H. Holland）、卡斯蒂（J. Casti）等，都对涌现现象进行过深入的研究，提出了涌现的概念框架[117]。所谓涌现，是指系统整体上具有而部分不具有的属性、特征、行为和功能，是当代复杂性科学的一个重要的概念[117]。涌现产生的原因是构成系统的要素之间通过相互作用，产生新的功能、属性、行为、特征等。涌现具有层次结构，高层次具有的特征如果分解成低层次的组成部分，这些特征就会消失，即涌现不可从部分预测和推断，也不能反推部分。因此，涌现是反映系统整体特征的客观现象，但整体的特性不一定都是涌现的，只有系统要素通过相互作用关系而产生的非加和性特征才是涌现。通常情况下，人们能够观测到的涌现，是宏观层次的涌现。涌现是随着时间演化而呈现出的一种现象，涌现只有满足一定的条件时，才能发生。它的发生是一个过程，所以，只有从动态的角度去研究涌现才会有意义。

2.3.2 涌现机理

涌现现象普遍存在于客观世界之中。企业经营系统同样也存在涌现现象。刘新梅、李彩凤基于 Woodman 的创造力交互模型，发现组织创造力的形成经过了从个体创造力涌现为团队创造力的第一次聚合和团队创造力涌现为组织创造力的二次整合过程[118]。利用非线性科学基本原理，构建了"个体创造力通过聚合/集合效应涌现为团队创造力"的涌现行为模型，研究了组织创造力的涌现机理。吴士健等基于复杂系统科学中涌现理论分析了企业家集群涌现具备的非线性、自组织、非平衡性和多个吸引子等前提特征，认为元素效应、结构效应、规模效应和环境效应等则对企业家集群涌现性的形成机理具有重要影响[119]。胡有林认为在信息技术应用引起系统远离平衡态的状态下，企业系统在组织目标为吸引子的牵引下，系统要素相互作用通过自组织行为、非线性作用从而涌现出新的系统特征[120]。在此前提下，信息技术应用引发的构材效应、规模效应、结构效应和环境效应共同造就系统的整体涌现性。改进受限生成过程模型，进一步分析了企业信息技术应用涌现现象的四个效应的内在机理。李明睿、可星以复杂适应系统为视角，构建了企业技术创新能力系统及其涌现概念模型和度量模型[121]。

企业价值共创体系是由众多商业要素、多个系统构成的复杂大系统，组成企业价值共创体系的各个系统既独立运行又相互交联，在体系的发展演化过程中，呈现出整体的涌现特征。企业价值共创体系的功能与属性决定了整个企业价值共创体系的价值创造能力和竞争力。从系统涌现角度分析，企业价值共创体系的价值创造能力，取决于参与企业价值共创体系活动的要素、系统及之间的关系和相互作用。因此，企业之间的价值创造能力的差别已不局限于生产要素方面的差距，而是企业参与的价值共创体系之间的差别。企业价值共创体系竞争是由企业外部的价值共创者建立在整个价值共创体系上的竞争，已超越了企业竞争。价值共创体系的价值创造能力不取决于个别要素的竞争力，而取决于企业价值共创体系要素相互作用而产生的体系整体的能力（即系统的涌现）。学者对系统涌现性的研究主要借助于复杂适应系统理论、耗散结构理论、协同学等。而本书在总结以上理论的研究成果之上，借助超网络理论，构建制造企业价值共创体系超网络模型研究制造企业价值共创体系的涌现现象，并且，本书从系统涌现的角度而不是从系统要素的角度去分析和评价企业价值共创体系的价值创造能力更能反映企业价值共创体系的价值创造能力的本质。

2.4 企业战略情报与情报系统管理理论

2.4.1 情报学与企业战略情报管理

美国情报学家约维茨（M. C. Yovits）将情报学定义为：为决策者提供具有决策价值的数据与知识的动态循环、优化、反馈系统。在情报系统中，通过情报的获取、储存、分析、传递，为决策者提供进行最佳决策的情报。约维茨的研究在情报学领域具有重要的影响，学者们称其为决策学派[122]。

企业情报管理是情报学科下的一个重要分支。不同的文献对企业情报管理定义的名称也不尽相同，国内外学者们称之为商业竞争情报系统管理、战略情报系统管理、企业信息及情报系统管理、企业战略系统管理等。本书研究的企业价值共创体系由"价值网"的研究演化而来。"价值网"属于企业战略管理的研究范畴，本书所研究的制造企业价值共创体系中包含的最重要的系统是体系的情报探测与分析系统。按照情报学中决策学派观点，甚至可以把企业价值共创体系看成广义的情报系统。因此，本书采用了大量篇幅对企业情报系统的相关问题展开了深入的研究。

情报学与管理学、经济学、图书馆学、传播学等学科均存在一定的交叉，形成了交叉学科生态群。情报学与管理学的交叉构成了以上学科生态群中最具研究魅力的学科生长点。企业价值共创体系的价值创造能力是体系（情报探测与分析系统、协调控制系统、协同生产系统耦合形成的更大的系统）涌现性体现，是各系统综合作用的最终结果，其研究内容应归入企业动态能力理论、战略情报系统管理理论、价值创造理论。所以，本书的研究内容同属于企业战略管理学、价值创造学和企业战略情报管理学等多个学科。

情报学的主要研究方法随着时代的进步不断更迭。最新的研究方法或理论主要包括超网络理论、复杂系统理论、复杂性科学、体系控制理论等。因此，本书在对制造企业价值共创体系的价值创造能力进行研究时，重点借鉴了情报学中最新的研究方法和理论，在本书的制造企业价值共创体系的结构、价值创造能力、涌现机理、能力测量等问题上分别借鉴了情报学的相关研究方法，并取得了良好的研究效果。

2.4.2　情报系统管理

情报系统是指具有将情报从源头传递给使用者的人工系统。情报系统是由情报、情报收集者、情报使用者、情报传递者、情报设备等为满足情报使用者需求而构成的复杂系统[123]。情报系统管理是情报学的重要学科分支。学者们普遍认为，将复杂系统理论引入到情报学的研究中使情报系统的研究更加深入，并应用复杂系统与复杂性科学的诸多研究方法，对情报系统的概念、结构、功能等展开了初步的研究[124]。本书中的制造企业价值共创体系中的情报探测与分析系统是一种特殊类别的情报系统。该系统类似于企业的战略情报系统，但是其边界远远大于企业的边界。系统属于虚拟边界组织。也就是说，所有参与到情报探测与分析系统中的人、设备、情报、信息都存在于该系统内。因为系统的动态性，所以系统不具有实体边界。

制造企业价值共创体系中的情报探测与分析系统是体系中的情报系统，借鉴学者在情报系统的研究理论和方法对本书的研究具有重要的参考价值。因此，本书在研究制造企业价值共创体系中的情报探测与分析系统时，首先吸收了复杂系统理论的思想精髓，并将一系列的情报系统管理理论研究方法运用到本书的研究中。通过借鉴情报信息流按照输入、存储、处理、输出等过程构建超网络模型对其价值流转过程进行分析的思路，将体系的协调控制系统与协同生产系统的价值流转共同纳入到制造企业价值共创体系整体运行过程中并建模，创新了制造企业价值共创体系整体结构与功能研究的思路和方法。

3

制造企业价值共创体系及其结构

3.1 企业价值共创体系

3.1.1 企业价值共创体系的内涵

企业价值共创体系是以满足客户个性化需求为目标，以全社会领域价值共创为组织形式，在共同的价值理念和有效的网络治理机制下建立的为企业和顾客创造价值的、复杂的、具有命运共同体特征的体系[125]，所以企业价值共创体系分析更注重于满足客户需求的整个过程的安排、协调、控制。从满足客户和企业价值共创体系最大价值出发，形成围绕资源互补和能力联盟的虚拟边界形态的价值共创网络。

根据以上定义，企业价值共创体系可理解为模糊企业实体边界，涵盖企业自身、客户、市场对手、联盟伙伴、其他相关市场主体等与企业有多重联系及关系的节点，基于共同价值创造目标形成的多维宏观经济网络体系。它实现了企业内部各个系统之间、企业与外部关联主体之间的有效连接，以实现对本行业及跨行业价值系统的管理。它的本质是与此企业有价值让渡关系的所有相关市场主体所形成的网络。

从拓扑角度看，企业价值共创体系的生产模式系统是一个以生产、指控、通信、感知实体为节点，以各实体间的信息、物质、资金、能量、情感交互为连边而形成的庞大复杂网络。不能将企业价值共创体系的生产模式系统网络仅仅看成一般的单一网络、单层网络，它是由不同实体、不同关系在某些环节、机制上相互交织，整体上相辅相成协同作用形成的多层次、不同功能的叠加网络，其网络与网络相连，节点与节点相交，具有规模巨大、层次聚集、组分异质、整体涌现等特征[126]。

企业价值共创体系的生产模式不仅彻底改变了企业生产中的要素驱动模式和制造业供应链、价值链、产业链和产业模式，而且为传统的制造业带来崭新的产业链协同开放创新模式以及用户参与式创新。企业价值共创体系的生产模式彻底解决环境不确定性、创新驱动的发展模式、网络化制造三个维度的制造要求，激活了整个社会的创新激情。

企业价值共创体系的实施通过利用信息技术、互联网及计算机软件和硬件构成了价值共创体系运行的技术保障。相对于一般的企业价值网络系统，企业价值共创体系具有以下特点：组成系统行为的自主性与管理独立性；组成系统异构性；体系整体演化性；体系的地域分布性；体系能够产生涌现；体系具有对不确定性的适应能力等[127]。

企业价值共创体系正引起价值链的价值创造思维从传统的"静态、直线、平面和封闭式"向"动态、非线性、开放和立体式"转变。集合更广范围的价值共创主体，一体化地进行体系价值创造成为未来企业主要的价值创造样式。从价值创造能力构成要素看，企业价值共创体系整合了商业环境中的全部价值共创主体，使价值共创主体以新的连接方式构成一个整体，整个体系从企业内部层级式向全域社会价值创造网络化转变，拓展了企业创造能力要素的内涵，使企业价值创造能力倍增[128]。

从企业价值创造能力看，全域社会价值网络促进了企业价值共创体系。价值创造由控制思想向创新思想转变，组织结构由"树状"、粗放向"扁平"、精细过渡，企业价值创造方式由企业内部主导向全域社会协同主导转变，价值创造手段从以"企业硬的有形实力"为主向"有形产品与无形服务"融合，并举发展。企业价值共创体系价值创造进程最大限度地体现了企业战略的敏捷性与柔性，从而把价值共创体系的价值创造能力从企业内部向全域社会价值创造网络拓展。

从价值共创体系价值创造效果看，它提高了产品质量和生产效率，优质、低耗、高效、柔性地制造了产品，个性化服务了用户，改变了体系价值创造的能力结构、企业竞争模式的形态以及价值创造能力生成的模式。

3.1.2 企业价值共创体系的功能

价值创造模式的演进经过价值链、价值星系、价值网和价值创造体系等阶段，而价值共创体系理论是从价值网理论中经过体系化机制形成的新时期产物，是运用体系工程理论实现价值创造模式创新的新形式。价值共创体系最本质的功能是创造价值，本身也是价值创造模式的创新。企业价值共创体系的价值创造是指企业依托价值共创网络，协同体系中的各要素、单元、系统等完成满足客户需求的产品或服务的整个价值增值过程。

价值共创体系也可理解为价值创造的模式和时空范围，每个主体都在进行着价值创造（包括价值传递和价值实现），最终成为一个完整的价值共创体系。企业价值共创体系的价值创造体现在以下三个方面：首先，企业价值共创体系的价值创造过程发生在整个共创网络的界限内。企业价值创造基于价值生产流程来完成，价值共创系统中的信息流、业务流、资金流、产品流、物流都是创造价值的重要因素。其次，企业价值创造要依托价值共创体系来实现，要考虑体系中全部利益主体的利益和关系，尤其是顾客的利益，顾客是价值创造的出发点和归宿点。最后，企业价值共创体系的价值创造是通过协同体系内要素产生"1+1>2"的涌现效应而实现的价值增值。

价值实现过程是指交换价值的实现，是企业从总体产出的经济价值中取得一定份额的过程或机制。价值是一个立体的概念，可以从宏观和微观层面来分析。从宏观层面看是价值结构，从微观层面看是价值关系。也就是说，价值可以从价值结构和价值关系两个维度来分析。从整体的价值角度来分析价值分配，主要包括价值流转和价值在全系统内实现。价值实现包括有意识的价值实现和无意识自组织方式推进的价值分配两种方式，其中有意识的价值实现属于在核心企业的战略价值实现和平台层的管理价值实现，而一般单元进行的价值实现是依靠体系功能，以体系的能量流动、物质循环和信息传递推进价值实现功能。企业和用户消费需求与供给的过程也是实现企业价值增值的价值分配活动[129]。

3.1.3 企业价值共创体系的特征

3.1.3.1 开放性与柔性

企业价值共创体系以客户需求的订单任务为中心，在全社会域快速涌现和集合能够协同完成价值创造任务的协同者。随着任务的转换，围绕新需求而迅速构建新的价值创造网络组织，从而构建了体系的柔性。体系是一个无限的"链接"空间，企业内部是引入市场机制的开放社区形态，企业外部则表现为以顾客为核心的相互链接的价值共同体，在企业内部和外部实现分布式一体化的连接。企业价值共创体系中每个实体的角色都随着消费需求而变，并在不同价值共创体系中扮演多样化的角色；体系里各角色之间的关系是超链接和松散耦合的关系，不再是管控与命令的关系。体系内各成员通过各自贡献其优势资源，共同构成实现市场机会所需的资源池，形成互补的优势资源的统一体，产生强大的资源优势和竞争优势。在企业价值共创体系的运行过程中，各单元之间以及单元与母系统之间始终保持持续的物质、信息和能量的交流，维系体系结构的完整和功能的稳定。在开放性的价值创造网络中吸收、交换、融合价值创造的因素和互补性价值创造资源，取得量的扩张和质的提升。

3.1.3.2 有序性

信息是物质与精神的中介，是活性结点的思想、能力与物理、机械信息系统的连接体。体系以信息流为运作基础和驱动力，在体系中信息流引领物质流、能量流、资金流，使价值流合理有序流动、直接运用从而产生价值信息赋能（价值信息赋能是指通过体系要素之间价值的流动互通、互操作，使价值增加，使各价值创造体系价值创造活动执行得更好，体系能力得到有效发挥）。整合传统的生产要素创造出新的附加值。企业价值共创体系沟通过程是信息流在各个结点间流动的过程。

价值流以信息流为表现形式，从价值信息处理过程来看，价值信息的处理加工构成价值信息活动环。价值信息活动环的转换过程支撑由战略观察、判断、指挥决策和生产等价值创造活动构成价值创造活动环。一方面，价值信息活动环驱动价值创造活动环，价值信息活动得到的结果为价值创造活动环提供支持，价值信息活动环起着"驱动轴"的作用；另一方面，价值创造活动环对价值信息活动环提出需求，体系通过价值信息活动来促使价值信息有序流动，提升价值信息的应用价值，实现体系价值创造能力。价值信息活动环的速度和精度决定着企业价值共创体系价值创造活动的时效和精准度。

3.1.3.3 合作性

企业价值共创体系是在合作宇宙观、世界观的思想指导下，通过有效的竞合关系，实现整个企业价值共创体系的目标。协作、合作是实现"1+1>2"的根本，是企业价值共创体系效能的产生之源[130]。企业需要拥有一种能力，连接上下游的合作伙伴，连接相关产业的合作伙伴，还需要和其他产业、资本、顾客组合在一个共同生长的网络中，这由"共生逻辑"统合而成。企业价值创造模式创新是今天企业应对变化的基本选择，而创新企业价值创造模式的核心是构建共生逻辑，以达成价值共生、共同生长。所以，当下的企业必须形成共生逻辑。共生逻辑与价值链（产业链）之间的根本区别是，前者注重共同成长设计，后者注重价值分配。在一个重新定义价值的环境下，分配价值的可能性变得越来越少，只有成长才会创造价值，也才有可能带来价值共享的可能。

企业价值共创体系在认知域层面的典型表现是体系各组成要素对商业

环境态势、价值创造目标等的互理解。在社会域层面，典型表现是体系各组成要素对规则、规范等的互遵循。体系内的成员有共同的价值创造目标，以满足系统内其他成员的欲望和利益为前提，形成了基于共同利益、可持续发展相互依存的命运共同体。这里的组成要素包括系统、人员等。互理解是企业价值共创体系中的人员、系统对商业环境态势、价值创造共创体系的价值创造任务和目标等信息和知识形成一致性的理解，达成共识。互遵循是利益相关者遵守相同的流程、规则[4]在相同的制度和规范约束和指导下，企业价值共创体系中的人员、系统对构建规则、价值创造执行规则、运行规范等自觉遵循。

互理解和互遵循是实现企业价值共创体系价值创造协同、同步的基础。通过互理解、互遵循最终将价值创造信息优势和决策优势转换为价值创造行动优势。企业价值共创体系是实现全社会域网络化价值创造的基础，它在各域上的典型特征可以概括为互联、互通、互操作、互理解和互遵循。

3.1.3.4 涌现性

随着知识经济、网络经济的崛起，企业所处的市场环境趋向不确定性。市场的复杂性和不可预测性使企业更加趋向于利用信息流迅速感知竞争态势并作出反应。企业的价值共创体系是企业价值的决定性来源，当代企业为适应经济的发展纷纷构建自己的价值共创体系。企业的价值创造是从系统的角度出发，突破边界，阐释企业业务布局的整体思维方式。本章以复杂系统的视角看待企业价值共创体系，将企业价值共创体系看作企业在超越实体边界的更广泛范围建立的动态"价值创造超系统"。它由复杂的、独立的系统作为构成要素，依赖相互之间复杂的非线性网络关系，彼此交互、共同完成同一价值创造任务，达到响应市场的快速变化的要求。企业价值共创体系是反映企业经营逻辑本质的高度抽象，它的本质是组成其价值共创体系的系统及系统之间的相互关系。体系所有系统之间相互作用产生的凝聚效果，远远超过了单独各系统间相互作用的结果，这种"1+1>2"的系统作用表现即体系的涌现现象[131]。体系的涌现是体系内部各子系统非线性相互作用在体系结构和功能上表现出的各子系统所不具有的整体特性或功能。首先是结构的涌现，即体系的各组成系统或子系统通过不断的相互适应和自我完善，在各组成系统或子系统关系或结构上涌现出的各组成系统或子系统个体或资源要素所不具有的新特征。体系内部各资源要素的聚集及相互之间的非线性作用，实现了不同资源要素之间的信息、知识的快速流通和共享，进而涌现出体系的结构特性；其次是体系功能的涌现。体系价值创造能力的涌现，是伴随体系从低级到高级，从子系统、系统到体系整体的进化过程中出现的新质能力的过程。体系中各子系统的聚集和非线性相互作用，涌现出各子系统或各资源要素单独存在所不具备的新的体系功能和能力，进而形成体系整体能力。

按照复杂系统涌现层次性的特点，企业价值共创体系的涌现也具有层次性，并且这种层次性是企业价值共创体系复杂性的重要来源。企业价值共创体系从组成要素性质到整体性质的涌现需要通过一系列中间等级的整合，每个涌现等级代表一个层次，每经过一次涌现形成一个新的层次。对体系而言，其涌现性是由其组成系统按照体系的结构方式相互作用、相互补充、相互制约而激发出来的，是经过逐步整合、发展体现出来的，是处在系统层次之上的涌现性。企业价值共创体系处于开放和动态的环境之中，由于体系组成系统之间以及体系与环境之间存在动态的交互作用，这些交互在效果上的叠加与传播使体系的整体行为具有难以预测的特点。

3.1.3.5 演化性

系统的结构状态、特性行为功能等随着时间的推移而发生的变化，称为系统的演化。演化性是系统的普遍特性，是体系的重要特征之一。体系的演化是无时无刻不在进行着的，且存在多种演化方式。体系的组成系统也能够进行独立演化，不过首先要保持组成系统之间的接口标准。组成系统的独立演化一般会导致体系的功能特性发生变化，但不会产生结构上的变化。更多情况下，体系中组成系统呈现联合演化[132]。联合演化方式是指体系中两个或两个以上的、存在协作关系的组成系统，联合起来同时增强各自系统的互用性和功能，从而实现体系的整体演化。联合演化产生了无数能够完美地相互适应并能够适应于其生存环境的适应性主体。联合演化是企业价值共创体系突变和自组织的强大力量。

3.1.4　企业价值共创体系的要素及其关系

3.1.4.1　企业价值共创体系的要素

企业价值共创体系的结构是指构成体系的具有特定功能的价值创造单元及其相互关系的总称，即价值创造单元相互联系、相互作用的方式，表现为各价值创造单元在时间、空间上排列组合的具体形式和作用关系。它是分析体系价值创造能力的内在依据和前提。

（1）价值创造单元内涵及特征。体系的价值创造单元一般称为体系节点，是指具有一定价值创造功能、物理上独立存在的体系组成要素。价值创造模块是在企业价值共创体系内部进行价值创造的、具有价值创造功能差异化特征的独立结构实体或生产要素集合，它是构成企业价值共创体系的基本价值创造单元。体系的价值创造单元即体系的组成要素。该要素具有如下特点：第一，体系价值创造单元是存在并依附于体系组织网络之中的实体，具有体系赋予的价值创造职责和明确的价值创造任务范围。它存在的目的是完成体系的价值创造任务。第二，体系价值创造单元具有为完成价值创造任务所要求的功能。第三，体系价值创造单元是物理实体，不是逻辑概念。

价值创造单元具有如下特征：第一，价值创造单元的分布性。企业价值共创体系中的单元广泛分布在企业内外的社会体系中，不受地理位置和空间位置的制约。第二，价值创造单元的多样性。企业价值共创体系具有多种不同类型的价值创造单元：①按照价值创造单元的价值创造功能可分为：情报获取与处理类单元、协调控制类单元、协同生产类单元。②按照价值创造发挥作用的层次可分为：体系战略级价值创造单元、体系管理级价值创造单元、体系生产级价值创造单元。③按照应用领域可分为：虚拟空间价值创造单元、实体空间价值创造单元。第三，价值创造单元之间的功能松耦合性。价值创造单元之间的交互具有独立性，一个系统的价值创造单元不会因为自己处理流程的改变而影响另一个系统的价值创造单元。所以，不同价值创造单元功能具有松耦合特征。第四，价值创造单元的可组合性。价值创造单元可随专业化分工要求呈现出不同的粒度。大粒度范围可到达一个生产控制系统，小粒度可到达一个价值共创者。在价值创造过程中，可根据生产的需要将不同的单元组合成更大粒度的单元，也可以根据客户价值创造任务的需要，动态组合多个单元形成一个任务系统。第五，价值创造单元的可配置性。体系可根据价值创造任务需要，动态配置各价值创造单元，以满足体系生产的需要。第六，价值创造单元的协同性。体系的价值创造单元具有交互协同的能力。单元不仅使用其他单元的能力，还为其他单元提供自身能力，满足企业价值共创体系协同运行的需要。第七，价值创造单元的层次性。价值创造单元也具有层次性特征。例如情报探测与处理单元，按照其所提供的情报层次，可分为体系战略级、体系控制级、体系生产级等不同层次的情报探测与处理单元。

（2）价值创造单元的组成。价值创造单元不仅包括企业内部的价值创造单元，还包括企业外部参与企业价值创造的单元。而且，价值创造单元按照不同的粒度，可以是一个价值共创者，或者是企业的一个部门，也可以是外部的一个产品设计车间，只要是具有价值创造功能差异化特征的生产要素集合或是独立结构实体，都可以作为一个价值创造单元。根据研究的需要，也可以组合多个价值创造单元形成一个任务系统，将这个任务系统作为一个价值创造单元。例如，企业董事会的战略委员会等情报中心，企业财务部、各职能部门、生产车间、生产分厂等生产中心可以被视为价值创造单元；总经理、部门经理、事业部经理也可以是价值创造单元。所以，可以根据研究者对问题研究的要求，对价值创造单元进行不同粒度的刻画。

（3）价值创造单元的属性。明确价值创造单元的属性可以充分认识其本质，回答价值创造单元是什么、能干什么。属性是区分价值创造单元的一种依据。价值创造单元属性可分为四个方面，即任务属性、空间属性、组织属性和能力属性。

任务属性反映价值创造单元承担的价值创造任务及履行任务的范围。任务属性包括任务类型、任务内容、任务范围等,其中,任务类型一般可分为情报探测、情报分析与处理、协调控制、协同生产等。空间属性反映价值创造单元在物理空间或虚拟空间的位置。组织属性反映价值创造单元在体系组织中的角色和关系。能力属性反映价值创造单元的能力构成及内容,体现了价值创造单元的本质特征。

(4)价值创造单元的分类。按照价值创造的流程,结合企业价值共创体系主要功能的分析,可将体系按照价值创造功能分为三类,包括情报探测及处理单元、协调控制单元、协同生产响应执行单元,这三类基本价值创造单元是对各级各类企业价值共创体系主要价值创造功能本质特征的抽象表达。

3.1.4.2 企业价值共创体系要素关系

(1)价值创造单元关系定义。企业价值共创体系的各价值创造单元通过各种关系建立联系和相互作用,共同构成满足顾客需求的价值创造功能的体系结构。价值创造单元的交互关系代表单元之间的价值流和业务处理流程,从这个意义上说是对价值创造单元行为的建模。

价值创造单元之间的关系有很多种,无法对所有关系一一穷尽。所以,可归纳价值创造单元关系内涵如下:第一,价值创造单元交互关系是具体的联系而不是抽象的概念。第二,关系分为直接关系和间接关系。第三,价值创造单元之间的关系不仅可以描述价值创造单元之间的关联,而且可以约束价值创造单元的资源配置以及它们之间的业务流程。

(2)价值创造单元关系特征。价值创造单元关系具有组织性、动态性、可配置性等特征。组织性指价值创造单元之间的关系不是随意的,而是根据价值创造任务、职责权限等条件建立的。体系价值创造单元关系反映价值创造流程和业务处理过程,是价值创造单元组织属性在关系中的具体体现。动态性是指价值创造单元之间的关系会随着体系的不断变化而变化。价值创造单元之间随着环境的不断变化,其关联对象、方式、内容等都会发生变化。可配置性指价值创造单元在变化的环境下可以根据价值创造任务动态配置。单元之间关系的动态性决定了价值创造单元关系的可配置性。

（3）价值创造单元关系属性。价值创造单元关系属性可归纳为五种，即关系主体、承载的知识属性、关系可配置属性、物理连接属性和风险可控属性。关系主体指价值创造单元关系所对应的价值创造单元，例如，协调控制关系的主体是协调控制单元；承载的知识属性指价值创造单元的关系最终都可以映射到它们之间的知识交互上；关系可配置属性指价值创造单元关系的可配置性；物理连接属性指价值创造单元关系对物理设备的要求；风险可控属性指价值创造单元关系对风险可控性方面的要求。

（4）价值创造单元关系分类。价值创造单元之间的关系多种多样，按照对每类价值创造单元的价值流输入和输出可将其关系分为三类，即情报分析与共享关系、协调控制关系、协同生产关系。

3.2 制造企业价值共创体系结构系统化分析

3.2.1 制造企业价值共创体系

制造企业价值共创体系是以满足制造企业客户个性化需求为目标，由制造企业内部和外部全社会领域价值共创者组成的，以制造企业提倡的价值理念和有效的网络治理机制，建立的为企业和顾客创造价值的、复杂的、具有命运共同体特征的体系[125]。所以，制造企业价值共创体系分析更注重于满足制造企业客户需求的整个过程的安排、协调、控制。

制造企业价值共创体系是超越制造企业实体边界的动态"超系统"，由每个复杂的、独立的系统作为构成要素，它们彼此交互共同完成同一价值创造任务，是典型的网络化复杂大系统[133-134]。制造企业价值共创体系以顾客需求为中心，通过三个系统横向、纵向、交叉相互作用，形成了价值共创网络。制造企业价值共创体系的价值创造过程发生在整个共创网络的界限内。制造企业价值创造流程可以分为较宽且顺序性较强、互有重叠的三个子过程：子过程一，在对价值情报的探测与融合进行分析后，结合客户价值主张，下达价值创造模式设计的战略方案过程。子过程二，在接收到价值创造模式指令后，价值共创体系进行生产决策、指挥控制与资源配置的过程。子过程三，价值共创体系协同生产并最终完成产品的生产或服务的提供过程。因此，制造企业价值共创体系的价值创造过程由价值情报探测及分析网、协调控制网、协同生产网构成，三个子过程网络通过相互协同、共同完成价值增值活动，如图 3.1 所示。三个子过程网络的研究对于揭示制造企业价值共创体系的结构，对分析其价值创造增值过程及价值创造能力的形成具有重要的地位和作用。

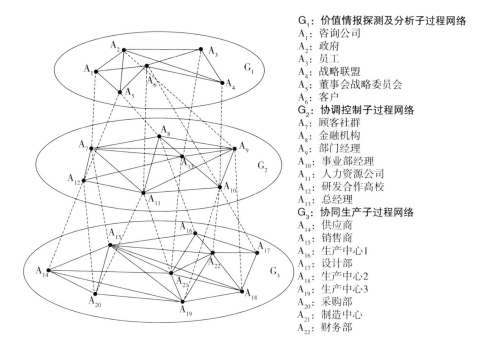

G_1：价值情报探测及分析子过程网络
A_1：咨询公司
A_2：政府
A_3：员工
A_4：战略联盟
A_5：董事会战略委员会
A_6：客户
G_2：协调控制子过程网络
A_7：顾客社群
A_8：金融机构
A_9：部门经理
A_{10}：事业部经理
A_{11}：人力资源公司
A_{12}：研发合作高校
A_{13}：总经理
G_3：协同生产子过程网络
A_{14}：供应商
A_{15}：销售商
A_{16}：生产中心1
A_{17}：设计部
A_{18}：生产中心2
A_{19}：生产中心3
A_{20}：采购部
A_{21}：制造中心
A_{22}：财务部

图 3.1　制造企业价值共创体系的价值创造子过程网络

3.2.1.1　价值情报探测及分析子过程网络与价值创造

价值情报探测及分析子过程网络是具有情报探测、获取等功能的价值创造单元以信息和知识价值链为基础，以情报信息的获取、处理、分析为纽带形成的局域价值创造子过程网络。子过程网络中信息与知识价值的形成需要企业内部的战略部门，外部的顾客社群、咨询公司、战略联盟、合作企业等体系内成员的共同参与。因为制造企业的客户对企业的产品或服务存在极为个性化的需求，所以，这些情报探测与获取功能的价值创造单元需要通过相互协同，之后收集、处理、融合、分析、判断商业情报，形成企业价值创造模式设计战略方案并下发给其他子过程网络的价值创造单元，进行价值创造的战略执行、经营计划拟制、协调控制与绩效评估等活动。子过程网络的主要功能是通过情报的探测及融合分析，为制造企业价值创造提供情报和战略支持。子过程网络中的价值创造单元在情报的交流与传递中形成了复杂的交叉关系，这些关系主要体现为企业内部情报节点之间的关系，企业内部情报节点与企业外部情报节点之间的关系，企业外部情报节点之间的关系。企业价值共创体系的价值情报探测及分析能力来源于此子过程网络。通过价值情报探测及分析子过程网络，企业价值共创体系可以实现以下功能：可提供为制定企业战略、政策和计划等翔实并有预测作用的信息，例如，制造企业战略的行动方案的设计；可提供为具体产品生产而拟定行动方案并组织实施的信息，例如，通过顾客社群与竞争企业的情报分析，依靠领先用户设计，拟定具有独特竞争优势的产品生产方案；可以为当前某一生产过程提供竞争情报，调整生产方案，例如，提供当前市场环境评估、竞争对手情况分析。价值情报探测及分析子过程网络通过提供及时和准确的信息和数据，保障制造企业战略优势，提高价值创造的效率，支持企业柔性生产，支持企业获取敏捷、精准、高质量价值创造能力。

3.2.1.2　协调控制子过程网络与价值创造

协调控制子过程网络是制造企业价值共创体系中具有分析决策、协调控制、资源配置等功能的价值创造单元以能量流、资源流等为基础，以沟通协调、指挥控制、资源配置关系为纽带形成的局域价值创造子过程网络。网络成员包括企业内部的各经理层、管理层、企业外部的协调者和资源配置者等，如供应商、顾客、合作企业、战略联盟、高校等。这些网络成员之间具有替代和互补关系，他们通过沟通协调、资源配置、指挥控制，为协同生产子过程网络提供产品实施方案的制定、关系的协调和资源的分配等。子过程网络的功能实现受制于网络中分布于不同产业或区域的价值创造单元的能力和关系的制约。价值网络各环节具有"牵一发而动全身"的特点。协调控制子过程网络的价值创造功能为：通过价值情报探测及分析子过程网络获取的情报信息与企业价值创造模式设计的战略方案后，进行指挥决策，制定生产方案，协调可用资源、控制生产并对绩效进行评估。协调控制子过程网络的运行情况取决于系统整体的建设情况和运行水平。

3.2.1.3 协同生产子过程网络与价值创造

协同生产子过程网络指执行价值创造活动的价值创造单元以产品流为基础，以传递产品或服务形成的关系为纽带形成的局域价值创造子过程网络。子过程网络参与者之间的产品传递关系是系统有形价值形成的基础。它们之间的关系类似于供应链，子过程网络中所有产品的价值创造关系构成的价值链构成了协同生产子过程网络的结构。协同生产子过程网络由在产品生产过程中相互依赖的价值创造单元构成，包括企业内部涉及实际生产的价值创造单元和企业外部涉及实际生产的价值创造单元，如生产车间、制造分厂、供应商、物流公司等。子过程网络通过最终为客户提供产品或服务为体系增加价值。整体系统的运行是从原材料的获取到最终产品或服务完成的整个生产中的每一个环节。产品或服务的利润取决于产品或服务售价与三个子过程网络中产品或服务在各个环节的累计成本的差。

制造企业的客户对产品的需求因用途和环境的不同差异显著，客户对产品需求的个性化程度较深，制造企业生产或服务个性化特征明显。所以，对于制造企业价值创造流程具有顺序连接三个子过程网络的特点。首先，不同客户的需求要求制造企业价值共创体系不断地收集商业情报和顾客价值主张，形成不同的价值创造方案和价值创造模式设计。其次，制造企业必须在广泛的空间内搜索因顾客个性化需求进行价值创造的资源，这就要求制造企业在超越实体边界的价值共创体系中不断地进行资源搜索，协调价值共创者之间的关系，有效地控制体系内网络成员，弥补自身知识和能力的不足。最后，制造企业要合理安排体系内全部的价值共创者的生产运作，保证体系能够按照预先设计的价值创造模式进行敏捷、有序的生产，以满足客户不断变化的需求。

3.2.2　制造企业价值共创体系超网络结构模型构建

复杂系统理论强调系统的整体性，认为系统结构决定系统功能。制造企业价值共创体系的结构是体系功能或特性形成的基础。因此，体系结构的分析成为其价值创造能力分析的基础和关键。

在对制造企业价值共创体系的价值创造流程等分析过程中发现，制造企业价值共创体系的结构可以结合制造企业价值共创体系的价值创造流程加以分析。超网络指规模巨大、节点异质、连接关系复杂的网络，具有网络嵌套网络、多层级、多维流量、多属性或多准则等特征。因此，以超网络建模分析企业价值共创体系更符合制造企业价值共创体系结构特征。

3.2.2.1　制造企业价值共创体系超网络内涵

价值创造模块是在制造企业价值共创体系内部进行价值创造的、具有价值创造功能差异化特征的独立结构实体或生产要素集合。它是构成制造企业价值共创体系的基本单元。制造企业价值创造的过程是制造企业在价值创造模块（即节点）之间以不同的价值创造功能关系相连接而创造出的价值流在不同节点之间传递、流转与交互的过程，反映了节点之间多样化的价值创造功能关系。根据超网络的概念，本书作出如下定义：

制造企业价值共创体系超网络（Super-Network of Co-creation Value Systems，SN-CVS）是指为满足顾客特定的生产服务任务需求，遵循网络治理机制，以网络内价值创造模块为节点，以各价值创造功能关系所获得的价值流有序连接交互为边所构建的多重边异构功能网络（如价值情报探测及分析网、协调控制网、协同生产网）。其实质是由纵横交错的虚拟和实体供应链、价值链、跨产业链共同融合重构的价值流网络。网络中的流按照性质也可分为物质流、信息流和资金流、知识流等。SN-CVS 可表示为：

$$G = (N, E) \tag{3.1}$$

式中 $N = \{N_1, N_2, \cdots, N_k\}$ 是节点的集合，$E = \lfloor e_{ij} \rfloor$ 是价值创造功能所构成的节点之间的关系而获得的价值流矩阵，其中，e_{ij} 表示节点 i、j 之间的价值创造功能所构成的节点之间的关系而获得的价值流。

对比超网络特征，制造企业价值共创体系超网络特征如表 3.1 所示。

表 3.1 制造企业价值共创体系超网络特征

特征	描述
网络嵌套网络	按照功能可以分为价值情报探测及分析网、协调控制网、协同生产网，且三个功能网之间存在驱动关系，价值情报探测及分析网驱动协调控制网，协调控制网驱动协同生产网；按照网络流的性质可以分为信息流网、物质流网、资金流网、能量流网、知识流网等
多层	按照价值创造功能和内容，可分为价值创造情报融合分析层、价值创造协调层、价值创造实际生产交付层，层内和层间均有连接
多级	价值创造功能关系具有多级特征，例如协调控制节点间存在上下级的指挥控制关系，如总经理、地区经理以及部门经理之间存在等级关系
多维流量	制造企业价值共创体系价值流包括价值情报探测及分析网的价值流、协调控制网的价值流及协同生产网的价值流；体系中不同性质的价值流包括不同性质节点，如顾客、制造企业、合作伙伴、竞争者的价值流等
多属性或多准则	每个价值创造任务目标或网络关联的属性是复杂多样的，制造企业价值共创体系中情报获取与处理节点按属性分为情报获取或分析速度、情报价值创造能力、情报资源信息质量、情报资源信息时效等；价值流实现方式可以分为虚拟和实物两种选择，体系网络需同时考虑时间、成本、风险和收益等

特征	描述
拥塞性	各价值共创子网络均存在拥塞问题；由于节点交互方式的限制及顾客需求变化，各类价值流在各子网络中存在交互方式冲突，可能引起价值流流动阻碍
全局和个体优化存在冲突需协调处理	体系中每个节点均有自身最优状态，体系整体也有其自身最优状态，若两者不能同时满足，则应根据实际应用情况协调个体和全局最优。而制造企业价值共创体系网络的评估又需要考虑各子网络的价值创造的成本最小、风险最小、收益最大、创造的价值量最大等多种准则

SN-CVS 的基本元素是多种类型的价值创造节点和价值流连边，不同类型的节点通过情报分析与共享关系、协调控制关系、协同生产关系获得的价值流，按照一定的关联映射规则相互连接，共同构成超网络模型。

3.2.2.2　抽象的节点

对价值创造模块的抽象从不同角度有不同的分类，根据价值创造的过程中的不同功能和用途，本书将价值创造模块抽象为三类功能节点：N_I 代表价值情报获取、处理节点，N_C 代表协调控制节点，N_F 代表生产响应执行节点。设节点总数为 N，价值情报获取、处理节点数为 n_1，协调控制节点数为 n_2，生产响应执行节点数为 n_3，则有 $N = n_1 + n_2 + n_3$。假设第 i 个节点可用如式（3.2）所示的四元组表示。

$$N(i) = \langle Num^N, \ Att^N, \ Inp^N, \ Oup^N \rangle \tag{3.2}$$

其中，Num^N 为序列标识；Att^N 为属性标识，$Att^N = \{A_i^{(1)}, \ A_i^{(2)}, \ \cdots, \ A_i^{(m)}\}$，$m$ 为属性个数，主要包括节点类型、节点具有的知识量、价值生产能力等，$A_i^{(j)}$ 是节点 i 的第 j 个属性值，$j \in [1, \ m]$；Inp^N、Oup^N 分别为输入、输出价值流所包含的价值流功能类型集合。

价值情报获取、处理节点 N_I：表示对客户的需求情报和制造企业价值创造形式设计具有探测、侦察、感知、判断、预测分析类的价值创造模块。N_I 包括产品社群、制造企业战略委员会、顾客、营销公司、政府、中介机构、竞争者、合作同盟、制造企业经理、员工等一切为制造企业提供客户需求及制造企业价值创造资源信息的价值创造模块。该节点负责接收从其他节点得到的客户需求、商业生态系统环境、竞争态势等资源信息，并进行整合分析，从而形成价值主张和制造企业价值创造实现方式的设计规划方案并传给 N_C 节点。其集合记为 N_I，第 i 个情报获取、处理节点可表示为：

$$N_I(i) = \langle Num_I^N, Att_I^N, Inp_I^N, Oup_I^N \rangle \tag{3.3}$$

其中，$Num_I^N \in [1, n_1]$。

协调控制节点 N_C：表示为具有分析决策、协调关系、资源配置、指令发布等功能的价值创造模块，如董事会、各级经理、制造企业员工团队、制造企业价值创造合作伙伴、制造企业利益相关者、有合作关系的社会成员等。该节点是制造企业价值主张、价值创造模式设计实现所进行协调的系统，它能利用从价值感知、设计节点或实体节点传来的资源信息，进行价值实现手段的判断、实施方案的制定、所需价值实现关系的协调和资源的分配，并对价值情报获取、处理节点和生产响应执行节点进行控制。其集合记为 N_C，则第 i 个协调控制节点可表示为：

$$N_C(i) = \langle Num_C^N, Att_C^N, Inp_C^N, Oup_C^N \rangle \tag{3.4}$$

其中，$Num_C^N \in [n_1 + 1, n_1 + n_2]$。

生产响应执行节点 N_F：表示能够执行价值创造活动具体任务操作系统，包括实施服务型生产进行实物制造和客户服务提供的价值创造模块，它能接受 N_C 节点的指令进行服务型生产，如智能生产车间、各生产部门、供应商、制造商、中间产品提供商等实际参与服务型生产的节点。其集合记为 N_F，则第 i 个生产响应执行节点可表示为：

$$N_F(i) = \langle Num_F^N, Att_F^N, Inp_F^N, Oup_F^N \rangle \tag{3.5}$$

其中，$Num_F^N \in [n_1 + n_2 + 1, n_1 + n_2 + n_3]$。

综上，SN-CVS 的节点集 N 可表示为 $N = N_I \cup N_C \cup N_F$。

3.2.2.3 抽象的连边

按照价值创造过程中发挥的功能不同，将节点之间的价值流分为情报分析与共享价值流、协调控制价值流、协同生产价值流三类。通过三类不同节点之间的连接进而形成不同的价值创造功能类别价值流的交互处理，以此反映节点间的价值流的交互融合情况。

假设第 i 个 K 类价值创造功能价值流可表示为：

$$E_K = \langle \Theta E_K, Sou^E, Tar^E, Att^E \rangle \qquad (3.6)$$

其中，$K \in \{I, C, F\}$，分别表示情报分析与共享价值流、协调控制价值流、协同生产价值；ΘE_K 表示节点价值流，当节点 i、j 之间存在 K 类价值创造功能价值流时，$\Theta E_K(i, j) = 1$，否则 $\Theta E_K(i, j) = 0$；Sou^E、Tar^E 分别为源节点和目标节点集合；Att^E 为属性标识，$Att^E = \{A_i^{(1)}, A_i^{(2)}, \cdots, A_i^{(n)}\}$，$n$ 为属性个数，主要包括价值创造的功能类型、价值创造量、价值创造成本等；$A_i^{(j)}$ 是价值创造功能价值流 i 的第 j 个属性值，$j \in [1, n]$。

情报分析与共享价值流是指 N_I 获得客户需求等资源信息后，向各价值创造节点分发并进行价值情报共享、分析，进行价值识别，提出价值主张，形成价值创造模式设计所形成的交互关系而形成的价值流。网络中节点通过资源信息共享、分析处理而产生情报流，节点之间通过情报流而产生无形的虚拟价值流，该流的本质是以信息流和信息流为载体的知识流。价值情报分析与共享价值流可记为：

$$E_I = \{(i, j) \mid \Theta I(i, j) = 1; i \in N_I, j \in N\} \qquad (3.7)$$

协调控制价值流是指 N_C 与其他价值创造节点按照价值创造模式设计进行沟通协调、资源配置、指令发布等所形成的交互关系而形成的价值流。按照流的性质划分是知识流、能量流和资源流。协调控制价值流可记为：

$$E_C = \{(i, j) \mid \Theta C(i, j) = 1; i \in N_C, j \in N\} \qquad (3.8)$$

协同生产价值流是指 N_F 与其他节点传递实体产品或服务价值所形成的交互关系而形成的价值流。按照流的性质划分是物质流或称产品流。协同生产价值流可记为：

$$E_F = \{(i, j) \mid \Theta F(i, j) = 1; i \in N_F, j \in N\} \qquad (3.9)$$

由于价值流只能分别由 N_I、N_C、N_F 发出且可阶跃传递，但不能逆向传递，故三类价值流二元关系满足传递性和反对称性。

综上，SN-CVS 的价值流集 E_K 可表示为 $E_K = E_I \cup E_C \cup E_F$，且均为有向边。

3.2.2.4　关联映射规则

关联映射规则是制造企业价值共创体系中三类节点相互连接形成价值流所遵循的基本准则，包括：同层网络内节点相互连接形成的网内关联映射关系、各不同层网节点之间连接形成的网间关联映射关系。

网内关联映射关系是同层网络中的两个节点间按照价值创造功能所构成的关系建立映射关系。网内节点因此集成在一起形成了超网络的每一层的拓扑结构。具体做法是：将同层内的不同类型节点间的价值流当作"边"加进去（见图 3.2）。

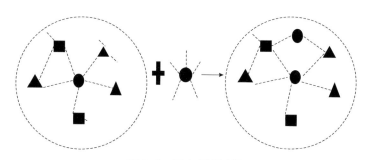

图 3.2　网内关联过程

网间关联映射关系是将不同功能子网中的节点利用相互间的价值创造功能所形成的价值流，在两个不同层的节点间建立映射关系，通过映射关系将三种不同类型的制造企业价值共创体系子网络的节点集成在一起（见图 3.3）。制造企业价值共创体系超网络从价值情报探测及分析网的节点向其他功能子网映射的连边均为情报分析与共享价值流，从协调控制网的节点向其他功能子网映射的连边均为协调控制价值流，从协同生产网的节点向其他功能子网映射的连边均为情报分析与共享价值流，表示生产服务响应执行节点对其他功能子网节点的生产情报反馈关系。

3.2.2.5　制造企业价值共创体系超网络结构模型

价值情报探测及分析网、协调控制网、协同生产网是指各价值创造节点根据不同的功能属性相互关联而构成的功能网络。分别用 G_I、G_C 和 G_F 表示。从功能角度看，制造企业价值共创体系是运用基于信息技术，根据价

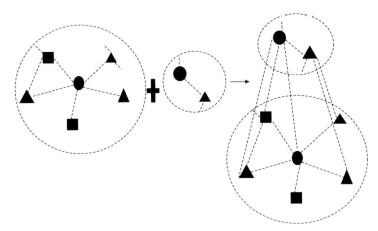

图 3.3　网间关联过程

值创造流程将各种价值创造功能进行逻辑分类和高效组织，从而形成的价值情报探测及分析网、协调控制网、协同生产网于一体的网络化制造系统。其中，价值情报探测及分析网依据客户需求服务任务进行商业生态系统环境探测和客户价值感知、价值识别、分析和整合，为协调控制网、协同生产网提供情报保障和制造企业价值创造模式设计规划；协调控制网从价值情报探测及分析网获取制造企业价值创造模式方案要求，进行各种生产服务所需关系的协调、决策控制，生成价值创造具体方案和协同生产计划，对价值创造效果进行评估；协同生产网依据协同生产计划，实施各生产制造模块化节点或单元的协同生产。三个子网通过复杂交织连接和相互作用影响共同涌现生成制造企业价值创造能力，满足客户个性化、多样化复杂需求，创造客户价值。

　　SN-CVS 三层网络的模型由三种不同类型的节点通过节点之间的情报分析与共享、协调控制、协同生产三种不同类型的价值流建立连边共同集成构建的超网络模型，如图 3.4 所示。

　　其中，$N_{I(1)} \sim N_{I(3)}$ 表示价值情报获取、处理节点，$N_{C(1)} \sim N_{C(4)}$ 表示协调控制节点，$N_{F(1)} \sim N_{F(5)}$ 表示生产响应执行节点，$e_1 \sim e_7$ 表示 E_I 价值流，$e_8 \sim e_{18}$ 表示 E_C 价值流，$e_{19} \sim e_{22}$ 表示 E_F 价值流；价值情报探测及分析网、协调控制

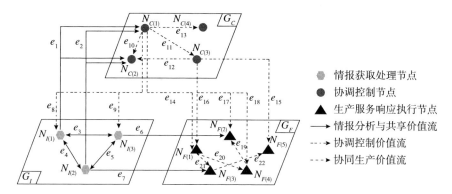

图 3.4　制造企业价值共创体系超网络模型

网、协同生产网分别用 G_I、G_C 和 G_F 表示。

3.2.3 基于超网络的制造企业价值共创体系结构特性指标构建

制造企业价值共创体系超网络模型与通过复杂网络构建的价值创造模型最重要的区别是超网络模型体现了节点和连边属性的复杂性，所以，一些复杂网络的统计指标不适合于超网络的结构模型分析和研究的需要。因此，在复杂网络统计指标的基础上结合超网络特征，定义以下几种制造企业价值共创体系功能与结构特征指标，用以分析制造企业价值共创体系超网络结构的功能和特点。

3.2.3.1 体系整体功能与结构特性指标

制造企业价值共创体系整体结构特性指标包含体系整体功能指标和抗毁能力指标两大类。其中，体系整体功能指标包括以下八个：

（1）价值流转时效。价值流转时效是指价值流在制造企业价值共创体系中流转、传递的及时性。在制造企业价值共创体系超网络模型中，节点之间的平均最短路径长度越小，价值流转速度越快，网络整体运行效率越高。制造企业价值共创体系的价值流转时效用平均最短路径长度 L 的倒数表示：

$$L = \frac{2}{N(N-1)} \sum_{1 \leqslant i \leqslant j \leqslant N} d_{ij} \qquad (3.10)$$

$$E = \frac{1}{L} \qquad (3.11)$$

其中，N 为制造企业价值共创体系中节点总数目；d_{ij} 为节点 i 和节点 j 之间的最短路径长度。

（2）关联度。关联度是指制造企业价值共创体系中价值共创节点联系网络中其他节点的数量，体现节点可利用的价值创造资源的多少。整个体系的关联度用所有节点的超度平均值表示：

$$D = \frac{1}{N} \sum_{i=1}^{N} D_i \qquad (3.12)$$

其中，N 为体系节点总数，D_i 为节点的超度。

（3）协同能力。协同能力指各价值共创节点在体系中的聚集能力，体现体系的集团化程度，由所有节点的平均修正聚类系数表示：

$$C = \frac{1}{N} \sum_{i=1}^{N} C_i \qquad (3.13)$$

其中，N 为制造企业价值共创体系中节点总数目；C_i 为节点 i 修正的聚集系数。

超网络模型中的平均聚类系数越大，表明节点之间的联系越密切，对其他节点的依赖性越小，网络的鲁棒性和抗毁性越强，协同能力越强。

（4）柔性制造能力。柔性制造能力是指在制造企业价值共创体系中可以用来进行服务型生产的方法和模式的数量，用价值流转环数量来表示。价值流转环是以节点 i 为起点和终点包含情报探测、决策、指挥、生产全过程的各种步长的闭链总数。价值流转环数量越多，对网络化效能的贡献度越高。

（5）平均价值创造量。平均价值创造量是指体系中所有价值共创者的平均价值创造数量：

$$\overline{K} = \frac{1}{m} \sum_{i=1}^{n} b_{ij} \qquad (3.14)$$

其中，m 表示制造企业价值共创体系中节点总数目，b_{ij} 表示每条连边的价值创造量，n 表示体系中连边的总数目，$\overline{K}$ 反映体系的总体价值创造水平。

（6）平均价值创造成本。平均价值创造成本是指超网络模型中所有价值共创者的平均价值创造成本：

$$\overline{y} = \frac{1}{m} \sum_{i=1}^{n} y_i \qquad (3.15)$$

其中，m 表示制造企业价值共创体系中节点总数目，y_i 表示每条连边的价值创造成本，n 表示体系中连边的总数目，$\overline{y}$ 反映体系的总体价值创造成本水平。

（7）平均知识量。利用平均知识量指标反映所有价值共创者的总体知识水平，体系内所有价值共创者的平均知识量为：

$$\overline{H} = \frac{1}{m} \sum_{i=1}^{m} \sum_{j=1}^{l} v_{ij} \qquad (3.16)$$

其中，m 表示制造企业价值共创体系中价值共创者总数，l 表示价值共创者 v_{ij} 所拥有的知识量，$\overline{H}$ 反映体系的平均知识量水平。

体系抗毁能力指标包括一个：抗毁能力是指制造企业价值共创体系遇到外界干扰和打击时，网络体系能够保持原有主要功能并正常运转的能力，本章通过网络弹性指标反映体系的抗毁能力。

（8）网络弹性。网络弹性是指网络发生故障后，回到原始或新的理想状态的能力，可表示为：

$$R_S = \frac{V(G-S)}{n} \times \frac{|s| + V(G-S)}{L(G-S)} \qquad (3.17)$$

其中，$|s|$ 表示节点的个数，$G-S$ 为超网络 G 中移除 S 后的网络，$L(G-S)$、$V(G-S)$ 分别为 $G-S$ 最大连通子网的平均最短路径和节点数。

3.2.3.2　体系局部结构特性指标

本章通过以下三种节点的中心性属性来衡量节点的重要度。节点的超度中心性体现的是节点直接影响其他节点的能力。节点的中介中心性体现的是节点作为"桥"的作用操纵价值流转的重要程度。修正的聚类系数体现节点与其他节点的紧密程度，对价值的传递和获取具有重要的作用。节点的超度中心性、节点的中介中心性、修正的聚类系数均为正向指标，即指标值越大，表明影响力越大。三种指标分别从网络的局部属性、传播属性和全局属性刻画了节点在网络中的重要性，反映超网络中节点的基本特性。因此本章选取以上三种节点属性分析制造企业价值共创体系超网络的节点重要性。

（1）节点超度中心性。节点 i 的超度中心性定义为与节点 i 拥有的超边的数量即节点的超度，记为 k_i，制造企业价值共创体系超网络模型中节点 i 的超度中心性表示该节点参与各类价值创造流转过程次数，或节点 i 与周围邻接节点建立价值创造关系形成的价值流的数量，反映节点 i 在整个制造企业价值共创体系超网络中的影响力[135]。

用网络的邻接矩阵 $A = (a_{ij})_{N \times N}$ 定义 $k_i = \sum_{j \in N} a_{ij}$，式中 a_{ij} 为网络邻接矩阵元素，如果节点 i 与节点 j 相连，则 $a_{ij} = 1$；反之，则 $a_{ij} = 0$。

（2）节点中介中心性。节点的中介中心性定义为超网络中经过该点的最短路径的数目占所有最短路径数的比例。测量一个节点位于许多其他节点对捷径上的枢纽性。在制造企业价值共创体系中，该指标描述节点 i 通过其在网络中的枢纽性控制或者影响价值流的传递，从而影响整个制造企业价值共创体系群体的影响力。其一般表达式为：

$$C_b(v_i) = \sum_{s \neq i \neq t} \frac{g_{st}(v_{ij})}{n_{st}} \tag{3.18}$$

其中，$g_{st}(v_{ij})$ 为节点 v_s 和 v_t 之间最短路径经过节点 v 的条数；n_{st} 为节点 v_s 和 v_t 之间的最短路径的条数。

（3）修正的聚类系数。聚类系数指超网络中节点所有相邻节点之间实际存在的边数与可能存在的最大连边数的比例。本章用传递性比率[135]刻画超网络聚类系数，表达式为：

$$C = \frac{6 \times \Delta_{np}}{L_{np} - 2} \qquad (3.19)$$

其中，Δ_{np}、$L_{np} - 2$ 分别表示由三个不同的节点和超边组成的步长为 3 的超回路和超路数；Δ_{np} 的数量可由步长为 3 的闭链来表示。

此指标用来衡量网络中节点的聚集情况。在制造企业价值共创体系中描述的是与某个制造企业价值共创节点 i 有价值创造关系的其他节点之间相互有连边的可能性。i 的聚类系数越高，其共同价值创造者之间关联的可能性就越大，从而 i 在整个网络中的地位也越重要。但是，直接使用上述公式在实际问题中会存在对实际网络的聚类程度衡量不合理的现象[136]，所以将节点的超度引入制造企业价值共创体系的聚类系数中，故提出修正的聚类系数为：

$$C = \frac{6 \times \Delta_{np}}{L_{np} - 2} \times k \qquad (3.20)$$

式中 k 为节点 i 的超度，利用修正的聚类系数能够更准确地表述网络的节点的紧密程度[136]。

3.2.4 制造企业价值共创体系结构仿真分析

以我国某制造企业价值共创体系的价值创造过程为例，运用书中提出的方法，就两种不同的价值流转过程设计方案 A、方案 B 分别进行基于超网络的价值共创体系网络建模和特征指标比较分析，验证我国制造企业价值共创体系的结构，并分析不同结构设计下制造企业价值共创体系的结构与功能特点。

我国制造企业价值共创体系价值创造过程：本章假设我国制造企业的价值创造过程中方案 A 和方案 B 之间只存在价值流转程序的差别，节点均为相同的 40 个，分别是：协调中心 1（UCP），包括企业一级经理（N1）、二级经理层团队（N2~N4）；协调中心 2（FCP），包括企业内部第三级经理层或协调管理团队，如部门经理、事业部经理、生产子公司经理（N5~N10）；协调中心 3（CCP），包括企业外部协调管理者如供应商、研发合作高校、顾客社群、人力资源公司、金融机构（N11~N15）；情报中心

1（IC），包括董事会战略委员会（N16）、咨询公司（N17）等主要提供公司战略情报的部门；情报中心2（UAV），包括企业控制的市场部（N18）、营销公司（N19）、企业员工（N20）等情报来源者；情报中心3（RS），包括企业外提供商业情报资源信息者，包括政府（N21）、企业竞争者（N22）；情报中心4（WP），包括企业外战略联盟合作生产者（N23）、客户（N24）等企业外重要资源信息情报来源者；生产中心1（ECP），包括为生产中心2提供辅助作用的生产模块，如财务部、配货中心、采购部、销售部、市场营销部（N25~N30）；生产中心2（FPF），包括企业内外为顾客提供服务实际进行生产的价值模块，如供应商、各生产车间、销售商（N31~N40）。

A 方案制造企业价值共创体系价值创造的基本过程：

第 1 步　N1 经股东大会批准，董事会下达年度制造任务后，向全部情报中心成员 N16~N24 传递反映客户需求的价值创造情报资源信息需求。

第 2 步　N16 汇总整理以前年度的经营情况及客户情报资源信息进行价值识别并提出价值创造主张，设计价值创造实现模式设计方案并上报，N17~N20 按照企业经营要求收集经济、政治等商业生态系统资源信息和企业竞争者情况等资源信息进行回传，N21~N24 以企业经营过程中对客户及生产的反馈意见将影响企业生产的各种情报回传。

第 3 步　N1 汇总分析多源生产情报资源信息，制订生产计划实施总体目标方案、制定生产规章制度等并作为指挥资源信息下达给 N2~N4。

第 4 步　N2~N4 将企业生产方案细化为适合生产实体节点行动的实施计划、任务部署、协同规定等下发给 N5~N10；N5~N10 根据生产情况与 N11~N15 优化调整计划方案、配置资源，并向 N16~N20 下达商业情报侦察指令，按客户和生产需求探测外部商业生态系统情况。

第 5 步　N5~N10 反馈外部商业及产业情况重要变动情况，对整个体系相关的经营情报回传至 N1~N4，N1~N4 再次下达商业情报给 N16~N20。N18~N20 回传情报给 N2~N10、N16~N17，N16~N17 回传情报给 N1~N10。

第 6 步　N2 指挥 N25 和 N26，N4 指挥 N28 和 N29，N3 指挥 N27 和 N30，N10 指挥 N31~N40 进行产品生产和服务提供，并将生产情况及时回复；N1 根据企业经营情况对生产经营及时作出调整或停止生产转向其他产品生产等指令，并下达给 N2~N10。

第 7 步 N2~N4 根据指令，及时调整、制定生产方案，组织各类生产运行的情报、后勤保障；N5~N10 根据指令，对生产活动做进一步调整，N1~N5 最终进行绩效考核。

B 方案制造企业价值共创体系价值创造的基本过程：

B 方案与 A 方案比，主要区别在第 4 步。B 方案更注重与生产响应节点相互沟通，共同制定生产实施方案细节；N5~N9 根据生产情况增加 N31~N40 共 10 个沟通协调节点，增加协调控制连边 50 条。第 5 步在 N5~N10 完成商业情报侦查任务后，将商业情报传给 A 方案节点的同时还传给 N25~N30，增加情报分析与共享连边 36 条，更加注重商业情报在三类价值共创节点之间的共享，并减少情报信息下发的层级。

3.2.4.1 SN-CVS 模型构建

（1）节点抽象。企业价值创造服务型生产中节点包括价值情报获取、处理节点，协调控制节点和生产响应执行节点三类共 40 个，节点属性选取感知（D_C）、协调（C_2）、生产（F_r）、知识量（M_O），具体如表 3.2 所示。

表 3.2 价值创造节点抽象情况

Type	$Unit^N$	Num^N	Att^N				Inp^N	Oup^N
			D_c	C_2	F_r	M_o		
N_C	UCP	N1~N4	0	1	0	800	E_I	E_c
	FCP	N5~N10	0	1	0	600	E_c/E_I	E_c
	CCP	N11~N15	0	1	0	500	E_c/E_I	E_c
N_I	IC	N16~N17	1	0	0	1000	E_c/E_I	E_I
	UAV	N18~N20	1	0	0	150	E_c/E_I	E_I
	RS	N21~N22	1	0	0	80	E_c/E_I	E_I
	WP	N23~N24	1	0	0	100	E_c/E_I	E_I
N_F	ECP	N25~N30	0	0	1	450	$E_F/E_c/E_I$	E_F/E_I
	FPF	N31~N40	0	0	1	400	$E_F/E_c/E_I$	E_F/E_I

（2）连边抽象。企业价值创造服务型生产过程中价值流包括情报分析与共享价值流、协调控制价值流、协同生产价值流三类。方案 A 共 475 条连边，方案 B 共 571 条连边（＊标注的连边关系为 B 方案特有），其属性主要选取感知（D_C）、协调（C_2）、生产（F_r）、价值创造成本（D_L，单位：元）、价值创造量（B_d，单位：元）五个，具体如表 3.3 所示。

表 3.3 节点关系抽象情况

$Type^E$	SOU^E	Tar^E	Att^E				
			D_C	C_2	F_r	D_L	B_d
E_C	UCP	FCP/CCP/UCP	0	1	0	0.6	0.1
	UCP	IC/KS/UAB/WP/ECP	0	1	0	0.6	0.15
	FCP	CCP/UCP	0	1	0	0.5	0.1
	FCP	IC/RS/UAV/WP	0	1	0	0.5	0.1
	FCP	ECP^*/FDF	0	1	0	0.5	0.1
	CCP	UCP/FCP/UAV	0	1	0	0.4	0.1
E_I	IC	UCP/FCP/IC	1	0	0	0.8	0.2
	RS/UAV/WP	UCP/FCP	1	0	0	0.4	0.2
	IC	RS/VAV/WP	1	0	0	0.6	0.05
	RS	IC/VAV/WP	1	0	0	0.3	0.05
	UAV	IC/RC/WP	1	0	0	0.3	0.05
	WP	IC/RS/UAV	1	0	0	0.3	0.05
	FCP	ECP^*	1	0	0	0.7	0.05
	ECP/FDF	UCP/FCP	1	0	0	0.2	0.05
E_F	ECP	FDF	0	0	1	0.6	0.05
	FDF	ECP	0	0	1	0.6	0.05

注：＊表示 B 方案所特有。

（3）SN-CVS 模型。由抽象处理后的价值创造节点和价值流，按照关联映射规则连接组合形成 SN-CVS 超网络模型。A 方案和 B 方案的企业价值共创体系超网络模型由价值情报探测及分析网（G_I）、协调控制网（G_C）和协同生产网（G_F）三个功能子网组成，分别涉及 40 个价值共创节点的价值流连边，通过软件 UCINET 绘制如图 3.5 和图 3.6 所示。

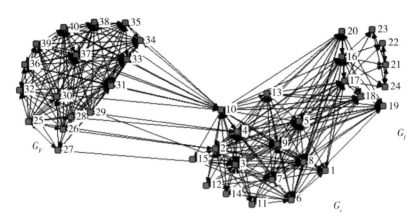

图 3.5　方案 A 下某制造企业价值创造超网络拓扑结构

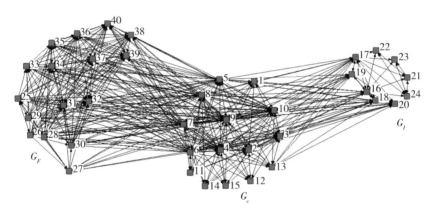

图 3.6　方案 B 下某制造企业价值创造超网络拓扑结构

3.2.4.2　SN-CVS 特性指标分析

根据所构建的企业价值共创体系超网络 SN-CVS 模型，结合各模型特性关键指标的概念内涵及计算公式，进行如下分析：

（1）体系整体功能指标计算及分析。根据式（3.10）至式（3.17），借助复杂网络分析工具 UCINET 和 MATLAB 软件可得出除柔性制造能力的其他指标的数值，柔性制造能力通过遍历网络统计所有存在于超网络中的价值流转环数量得出指标数值。全部指标数值如表 3.4 所示。

表 3.4　制造企业价值共创体系的整体功能指标

指标	价值流转时效	关联度	协同能力	柔性制造能力	平均价值创造量	平均价值创造成本	平均知识量
A 方案	0.533	14.2	9.7800	43200	6.044	1.013	444
B 方案	0.574	19	11.7037	432000	7.299	1.182	444

B 方案的特点是在 A 方案的价值创造过程基础上将协调中心 2 的全部节点增加与生产中心 2 相关节点之间的沟通与协调，扩大了协调控制的节点范围，同时将分权给更多的生产响应节点，使生产响应节点拥有更大的决策权和管理权。使整个的企业价值共创体系的管理权限部分下移，突出了生产响应节点在管理整个体系的重要性；同时，协调中心 2 通过将得到的商业情报及时传递给生产中心 1，从而使生产中心 1 实时共享了客户需求的商业情报，能够在生产中更加结合客户需求进行生产，并能实现更多的价值创造模式，并将结合生产实际与客户需求及时向各级协调中心反馈生产信息，从而使生产更加敏捷和精准。通过表 3.4 的对比数据可知，B 方案设计的价值流转过程相对于 A 方案，价值流转时效更高，价值流转更快，面对外部商业环境的变换，适应能力更强，关联度更大，可以利用的价值创造资源更多；协同能力明显增强，集团化水平更好，资源共享能力更强；柔性制造能力更好；体系在每个节点所拥有的知识量不变的情况下，创造的价值量更大，成本的增加远小于价值量的增加。因此，通过对比各项指标可知，B 方案通过增加协调中心 2 与生产中心 1 和生产中心 2 的情报共享和协调关系，更好地依托企业价值共创网络，调用更多的资源，满足客户多样化的需求，实现更多样化的价值创造模式，协同完成价值共创任务。

（2）体系局部特性指标——重要节点的识别与分析。结合 SN-CVS 节点的邻接矩阵，利用 UCINET 和 MATLAB 软件分析计算得出 A、B 两种方案的超度中心性、中介中心性、修正的聚类系数，如表 3.5 所示［（A）代表A 方案，（B）代表 B 方案］。

表 3.5 两种方案示例网络中心性排名前 10 的节点

节点排名	节点序号（B）	超度中心性（B）	节点序号（A）	超度中心性（A）	节点序号（B）	中介中心性（B）	节点序号（A）	中介中心性（A）	节点序号（B）	修正的聚类系数（B）	节点序号（A）	修正的聚类系数（A）
1	6	35	10	29	10	349.898	10	508.296	5	15.04	5	13.2
2	7	35	2	21	16	210.12	16	210.67	6	14.665	18	13.006
3	8	35	3	21	4	102.56	4	137.091	7	14.665	19	13.006
4	9	35	4	21	17	72.887	2	135.758	9	14.665	20	13.006
5	10	35	6	19	3	70.157	3	135.006	8	14.63	7	12.825
6	5	32	8	19	17	67.413	17	72.887	10	14.42	7	12.825
7	4	31	7	19	8	62.138	25	25.014	4	14.074	8	12.825
8	31	22	17	19	8	49.838	8	23.294	34	13.692	8	12.787
9	32	22	9	19	9	47.138	6	16.66	35	13.692	13	12.168
10	25	22	16	18	7	47.138	9	15.205	33	13.65	2	11.655

A 方案超度值较高的节点为协调中心 2、协调中心 1、情报中心 1，这是因为这些节点是情报感知网和协调控制网的核心，各类情报分析与共享价值流、协调控制价值流和协同生产价值流在此频繁交汇流通。

B 方案超度值较高的节点为协调中心 2，协调中心 1 的 N4、N3、N2，生产中心 2 的 N5，生产中心 1 的 N31、N32。与方案 A 相比，协调中心 1 的节点重要性下降，生产中心 1 和生产中心 2 的节点重要性上升，这主要是因为 B 方案增加了协调中心 2 与生产中心 1 和生产中心 2 的两类连边，紧密了三个中心的关系，使超网络中原 A 方案价值流转对协调中心 1 的依赖程度下降。

A 方案中介中心性较高的节点为协调中心 2 的 N10，情报中心 1、协调中心 1、协调中心 2。原因是这三类中心在超网络中的价值流转过程中起着重要的"桥梁"作用，是各类价值流中传的关键节点。B 方案与 A 方案相比，位于排名前十位的节点基本无变化，只有 N17 节点被 N7 节点代替，并且排名前六位节点的中介中心性显著下降，后四位节点的中介中心性显著上升。这是因为 B 方案增加 86 条连边之后，增加了超网络的部分节点直接联系，从而部分节点的中介性下降而另一部分节点的中介性相对上升。

A 方案的修正聚类系数较高的节点为协调中心 2，情报中心 3 的 N18～N20，最后是 N13、N2。大部分超度值较高的节点的修正聚类系数也较高，如协调中心 2，这说明超网络中存在以一些以度值较大的节点为中心的社群结构，原因是这些节点为了完成情报、协调控制、协同生产任务而汇聚在一起。个别超度值较小的节点也有较高的修正聚类系数，如情报中心 2，说明某些超度值较小的节点之间也存在社群结构，原因是这些节点在同层网络中存在密切的交互关系。B 方案与 A 方案相比，节点 N4、N20，N33～N35 的修正聚类系数排名上升，N18～N20 的排名下降。主要原因是 B 方案增加 86 条连边后，超网络聚类结构发生了变化，形成了与 A 方案不同的社群结构。

超度中心性较高的节点表明其与其他节点发展直接交往关系的能力较强，在网络中的直接控制力较强。修正的聚类系数较高的节点表明节点的关联节点仍有关联的可能性比其他节点更高，表明该节点在整个网络中具有重要的地位。中介中心性较高的节点能够控制网络中其他行动者之间交往的能力也较强，同样表明其在网络中的地位的重要性。所以，以上分析可以基于三种不同视角识别出超网络中的重要节点。在现实应用中有针对性地加强重要节点的防护，提高其能力对提高超网络的整体效能具有重要的意义。

（3）体系整体结构特性指标——超网络整体抗毁能力指标分析。通过每次从网络中去除一个节点且不可修复的办法模拟对企业价值共创体系的打击，通过去除节点后的网络弹性值的变化来反映企业价值共创体系的抗毁能力。本章设计两种对节点的打击方式：随机打击和蓄意打击。随机打击中假设每个时刻随机有 1 个节点被破坏，根据式（3.17）得出超网络的弹性指标如图 3.7 所示。由图可知，随着 20 次随机打击，网络弹性值总体呈现下降趋势，B 方案的网络弹性整体保持比 A 方案高。

蓄意打击策略选取度值优先去点打击，即按节点度数从高到低的顺序每次去除一个节点，连续 20 次打击的网络弹性值变化情况如图 3.8 所示。

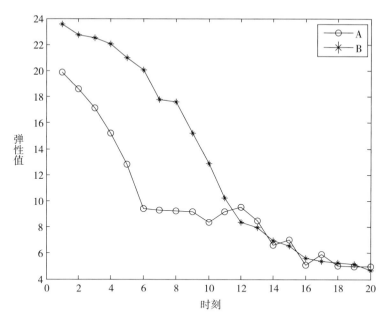

图 3.7　随机打击下网络弹性变化的曲线

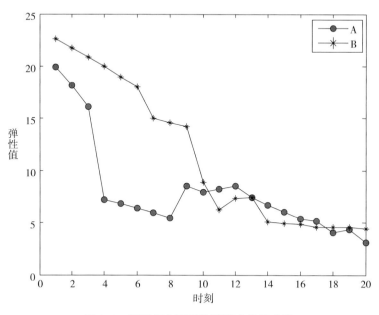

图 3.8　蓄意打击下网络弹性变化的曲线

比较而言，蓄意打击使网络弹性值下降较随机打击下降得较快，在对体系进行 8~9 次打击之后，体系的网络弹性都减少约 50%；进行 20 次打击后，网络弹性都减少约 80%。这是因为蓄意打击首先打击的超度数值较高的节点大部分集中在协调控制节点。本例中前 7 次打击的都是协调控制节点，网络弹性值显著下降说明对协调控制节点的蓄意打击对整个价值共创体系网络的破坏非常巨大。因此，为保持网络的联通性，现实中必须对体系中的协调控制节点进行保护。虽然随着打击次数的增加，超网络弹性值均整体呈下降趋势，但是，B 方案的弹性值明显高于 A 方案，这说明 B 方案的体系抗毁能力比 A 方案优越。两种方案都有局部弹性值回弹现象，这主要因为随着受损伤节点的增加，在时刻 10 之前，网络中孤立节点的比例在局部存在增加，而使自然联通度增加。在时刻 14 之后，网络弹性值继续保持下降趋势。

通过对我国制造企业的仿真分析可知，制造企业价值共创体系可以划分为三个不同的系统，并且不同的体系结构表现出不同结构和功能特性。本章将其分别命名为价值情报探测及分析系统、协调控制系统、协调生产系统。每个系统均在体系的价值创造过程中发挥了不同的功能，三个系统协同发展共同形成了体系终极的价值创造功能。

以超网络为视角，通过分析制造企业价值共创体系的超网络特征，抽象价值创造节点和节点关系，定义关联映射规则，构建了制造企业价值共创体系超网络模型，并选取关键节点识别、体系价值创造能力和体系抗毁能力三类关键指标进行分析，仿真验证并分析了制造企业价值共创体系是由价值情报探测及分析系统、协调控制系统、协同生产系统所构成，通过对比两种不同的体系结构设计下其功能的差异，分析了我国制造企业价值共创体系的结构特征，结果显示制造企业价值共创体系的不同结构直接影响体系的功能。

制造企业价值共创超网络模型表现了企业价值创造活动的所有功能的价值流作用方式，可用于对制造企业价值共创体系结构进行静态整体的分析，模型中的超边就表现了系统节点之间的相互作用和依赖关系，而这些相互作用和依赖关系（超边）或是分析和研究制造企业价值创造体系结构特性和整体效果的基础。基于超网络的制造企业价值共创体系模型，能很好地把制造企业价值共创体系结构同属性相结合。把属性作为节点和连边的性质，结合设计体系功能和特性指标，更能灵活地揭示体系的要素属性和体系结构与功能特性。通过本章可知，与由单一类型节点及关系组成的网络相比，制造企业价值共创体系的超网络建模更能反映制造企业价值共创体系的三层系统的复杂构成及结构形态。

3.3　本章小结

本章首先定义企业价值共创体系的概念，研究企业价值共创体系的功能和特征等，在此基础上定义了制造企业价值共创体系。

其次，分析了我国制造企业价值共创体系的结构。制造企业价值共创体系结构分析是研究其体系的价值创造能力，是解释其价值创造能力形成过程的基础和关键。通过构建制造企业价值共创体系超网络模型，仿真分析某制造企业价值共创体系的结构，验证了体系的结构由三个系统构成，即价值情报探测及分析系统、协调控制系统、协同生产系统。对制造企业价值共创体系结构进行研究，为更深入理解其价值创造能力的复杂性提供了理论基础。

4

制造企业价值共创体系的
价值创造能力及其构成

由上一章制造企业价值共创体系及其结构的研究可知，制造企业价值共创体系是具有三层系统功能结构的复杂大系统。体系结构的层次复杂性决定了其价值创造能力结构的复杂性。因此，本章在前一章深入地理解体系结构的基础上，研究我国制造企业价值共创体系的价值创造能力系统的多维结构。

4.1 制造企业价值共创体系的
价值创造能力内涵与特征

4.1.1 制造企业价值共创体系的价值创造能力内涵

制造企业价值共创体系的价值创造能力是指制造企业内外所有参与价值共创的主体投入生产要素按客户价值主张创造出客户满意的产品或服务的能力。

从能力观视角来看，制造企业价值共创体系的价值创造能力是一个能力系统，它是多种能力的集成结果，不仅是体系要素能力的集合，而且是体系本身系统能力，并且是体系各项能力要素在相互作用、相互制约下协调产生的更高层的能力。它是制造企业价值共创体系为满足顾客需求而组织生产的价值增值全过程中体系形成的整体功能，是体系各种能力的总和。

从系统观视角来看，制造企业价值共创体系的价值创造能力是一种系统能力，是价值共创体系这个系统中最高层次的能力，并且是体系中各种系统能力相互综合作用形成的能力。体系的价值创造能力是各种要素相互耦合、相互影响而产生的体系整体功能或特性。在本章中又称为体系级价值创造能力。它是价值共创体系功能的最终目标，也可以说是价值共创体系的一种最终性能。

4.1.2 制造企业价值共创体系的价值创造能力特征

制造企业价值共创体系的价值创造能力特征主要包括：复杂性、动态性和抽象性。

（1）复杂性。制造企业价值共创体系的价值创造过程是由制造企业内外若干价值共创者共同参与、相互协同完成的价值创造行动。在各类要素相互制约、相互作用中，体系会表现出非线性、非简单相加等复杂关系。所以，即使同样的要素，组合方式不同，仍旧会产生不同水平的价值创造能力。体系的价值创造能力是一个复杂的多元化非线性系统。

（2）动态性。制造企业价值共创体系的价值创造能力是一种动态能力，它随着时间的推移会不断演化：或提升，或下降，或从无到有，又或从有到无。能力会随着时间的变化而逐渐累加。价值创造能力要素的结构需要满足价值创造所需环境和市场竞争变化的需求。能力的培育和提升是一个循环往复的过程。

（3）抽象性。制造企业价值共创体系的价值创造能力的本质是知识资产，它存在于价值共创体系的系统关系和系统结构之中。体系中的价值共创者有意识或是无意识地运用这些知识资产，将价值属性转化为利益属性并产生价值增值。制造企业价值共创体系的价值创造能力是无法复制和购买的，因为每个价值共创体系要素的结构都是不同的，必须由体系通过自身长期培养才能获得。

4.2　制造企业价值共创体系的价值创造能力的构成维度分析

　　制造企业价值共创体系的价值创造能力是一种整体功能。从不同的角度分析，其结构要素不同，但是无论什么角度，体系的价值创造能力的基本特征都是一个能力组合概念。它由若干能力组合而成，并且是分层次的。

　　制造企业价值共创体系结构研究揭示了制造企业价值共创体系是具有三层系统功能结构的复杂大系统。制造企业情报探测及分析系统、协调控制系统和协同生产系统的价值创造能力可分别对应于制造企业情报探测及分析系统能力、协调控制系统能力和协同生产系统能力。系统级的价值创造能力还可以按照从属于该系统的价值创造单元在价值创造过程中发挥的不同功能分为若干个单元级价值创造能力。价值情报探测及分析系统能力可以按照该系统价值创造过程分为价值情报感知融合能力、顾客价值主张识别能力、价值创造模式设计能力。协调控制系统能力可分为指挥决策能力、生产网络控制能力、资源配置能力和绩效考核能力。协同生产系统能力可分为快速反应能力、精准生产能力、价值分配与获取能力。

　　制造企业价值共创体系的价值创造能力是体系从单元层逐级聚合而成。因此，必须通过体系整体层面构建制造企业价值共创体系的价值创造能力模型，如图4.1所示。

　　由模型可知，通过价值情报探测及分析系统，制造企业发现新的价值主张，形成了价值创造的开端，通过协调控制系统找到与设计的价值创造

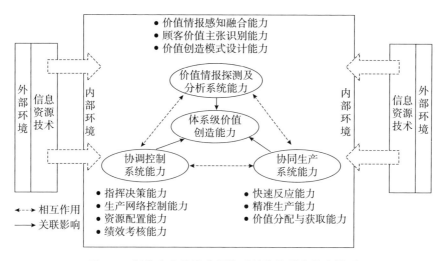

图 4.1 制造企业价值共创体系的价值创造能力模型

模式相匹配的资源并协调价值共创者之间的关系，具备了生产出客户需要的产品及服务的条件，然后控制协同生产系统进行生产，完成价值创造全过程。价值共创体系级价值创造能力是在内外环境作用下，通过价值情报探测及分析系统能力、协调控制系统能力、协同生产系统能力的相互融合作用，形成的一种体系级的价值创造能力。因此，体系级的价值创造能力是三阶十维度的概念，模型充分刻画了制造企业价值共创体系的价值创造能力与价值情报探测及分析系统能力、协调控制系统能力、协同生产系统能力之间的复杂关系、各系统级价值创造能力之间的关联关系，揭示了制造企业价值共创体系的价值创造能力的形成过程。

4.2.1 制造企业价值共创体系的单元级价值创造能力分析

价值情报感知融合能力是指制造企业价值共创体系实时获取商业情报、顾客需求等信息，对数据进行融合分析后，在一定时间、空间内形成的对商业情报的感知和理解能力。制造企业价值共创体系需要首先在体系内建立情报感知融合系统，在系统中收集行业技术发展、市场发展、竞争情况、顾客需求等信息，识别环境机会与威胁，预测未来商业趋势等信息。之后，将情报信息融合之后形成顾客价值主张识别能力。

顾客价值主张识别能力是制造企业依托情报感知融合系统挖掘客户需求，界定目标客户，提出创新的价值主张的能力。制造企业将获取的商业情报转化为关于顾客价值主张的多维数据，将数据融合分析处理后，最终形成制造企业的价值主张。

价值创造模式设计能力是设计体系价值创造模式的能力。制造企业的价值创造模式包括业务活动模式、盈利模式、现金流结构等，价值创造模式设计是实现高效价值创造最重要的能力。当制造企业价值共创体系提出价值主张之后，会继续依托系统情报，融合分析并设计其在价值体系中的位置，提出价值创造模式的设计方案，以分享其在体系中的主要利润。

指挥决策能力是体系根据价值情报探测及分析系统的分析结果，对生产预先策划和决策的能力。它是体系管理团队通过协调体系中的关系、构建体系共同愿景、协调体系活动、深化与价值共创者的关系、进行网络同一筹划和决策、建立有效的隔离机制的能力。

生产网络控制能力是指通过跟踪网络生产行动，控制和督导网络成员按指令生产的能力。其根本任务和目的是保证客户生产活动顺利进行，保证实现制造企业价值和顾客价值。体系通过信息系统让各个价值创造单元实现生产流程诸多环节零时间耦合的一体化，实现控制的精准高效。

资源配置能力是指通过体系搜索、获取、利用资源的能力。资源配置能力是体系内物质流通畅流动的保证。通过扩展体系资源网络、构建资源配置机制等，根据客户需求的变化，在制造企业战略的牵引下以客户价值创造为中心，在合适的时间将合适的资源配置到合适的价值创造单元。

绩效考核能力是指通过对体系的生产效能、价值创造流程和价值获取模式进行合理的评估与反馈的能力。绩效考核是修正制造企业战略、调控产品生产的依据。它是在对各个系统的数据分析处理之后，对体系的价值创造能力的精准评估，是实现精准化价值创造的保证。

快速反应能力是指体系对生产指令反应敏捷，并按生产方案调整生产的能力。即在客户价值创造的生产过程中，依托价值情报探测和分析系统提供的全维价值创造情况，将生产行动适时与客户要求进行主动匹配的能力，使各生产型价值创造单元对生产行动作出一致的反应。

精准生产能力是指体系按顾客需求多批次、多批量、多样化生产的能力。精准生产能力是满足客户需求的保障能力。在制造企业价值创造过程中起着至关重要的作用。客户满意度主要取决于精准生产能力，精准生产能力的产生要基于其他种类能力的构建。

价值分配与获取能力是指体系满足体系成员的价值利益诉求，及时调整合作模式和价值分配机制并实现价值获取的能力。能够在体系内建立有效的价值分配与获取机制是维系体系成员关系、保障体系高效运行的重要条件。协同生产系统能力的构建不仅要有敏捷、精准的生产能力，更要有成员共同认可的价值分配与获取能力，只有这些能力相互配合才能保障系统能力有效发挥。

以上十种单元级价值创造能力通过相互协同，在第一阶段，通过相互作用和关联影响形成系统级价值创造能力；在第二阶段，价值情报探测及分析系统能力、协调控制系统能力、协同生产系统能力通过复杂的相互协同，影响作用于体系级价值创造能力。

4.2.2 制造企业价值共创体系的系统级价值创造能力分析

4.2.2.1 价值情报探测及分析系统能力（z1）

价值情报探测及分析系统能力是指通过系统内部的情报感知、获取、分析、融合，形成的有助于形成体系所需商业情报和价值创造模式设计的整体价值情报感知融合能力。它是制造企业情报探测及分析系统所具有的价值创造功能。制造企业价值共创体系的价值创造过程是首先要在体系内部搜索和获取价值主张和价值创造模式设计的情报信息，然后将情报信息传递给其他两个系统，在对商业竞争态势做了全面系统的分析之后，开始进行价值生产。因此，价值情报探测及分析系统是制造企业价值创造的开端，对体系的价值创造具有关键性作用。价值情报探测及分析系统能力可以按照价值创造过程分为价值情报感知融合能力（xx1）、顾客价值主张识别能力（xx2）和价值创造模式设计能力（xx3）。

4.2.2.2 协调控制系统能力（z2）

协调控制系统能力是体系的管理团队根据价值情报探测及分析系统的分析结果，通过体系内部的组织决策、指挥控制、资源整合、绩效考核形成的有助于推动价值创造模式设计实现的协调控制能力。体系协调控制系统从情报探测及分析系统获取制造企业价值创造模式方案要求后，进行各种生产服务所需关系的协调、决策控制，生成价值创造具体方案和协同生产计划，对价值创造效果进行绩效考核，所以，体系协调控制系统能力作为情报感知融合系统能力相辅相成的维度，对提升体系级价值创造能力具有最重要的作用。协调控制系统能力包括指挥决策能力（xx4）、生产网络控制能力（xx5）、资源配置能力（xx6）和绩效考核能力（xx7）。

4.2.2.3 协同生产系统能力（z3）

协同生产系统能力是指体系的生产系统通过对体系运行态势和顾客需求的共同感知，基于价值创造任务，主动及时调整生产，精确协同，快速实现各价值创造单元联动生产的能力。它是依靠价值创造单元相互协同，将顾客价值主张转换成顾客所需产品或服务的整体生产能力。协同生产系统依据协同生产计划，实施各价值创造单元的协同生产，是最终完成客户价值创造任务的实际生产系统，是实现全部价值共创体系最终能力的终端系统，同样对体系级价值创造能力形成具有重要的作用。协同生产系统能力包括快速反应能力（xx8）、精准生产能力（xx9）和价值分配与获取能力（xx10）。

价值情报探测及分析系统能力、协调控制系统能力、协同生产系统能力通过复杂的相互协同影响作用于体系级价值创造能力。

4.3 制造企业价值共创体系的
价值创造能力的构成维度检验

4.3.1 研究设计

4.3.1.1 研究方法

本章采用 SPSS 19.0 软件对数据进行了描述性分析、信度效度检验以及因子分析。采用因子分析的目的主要有两个：一个是测算企业单元级价值创造能力的综合值，另一个是明确企业价值共创体系的价值创造能力的结构和主要成分。同时采用 Amos 7.0 软件进行结构方程分析对企业价值共创体系的价值创造能力的构成维度进行验证。

问卷设计包含两部分内容。第一部分：企业概况。第二部分：体系内各单元级价值创造能力的测量题项。本章的调研问卷中测量题项采用 Likert 7 级量表进行打分（最低分 1 为非常差，最高分 7 为非常好）。

4.3.1.2 样本描述

本章选择我国某战略新兴行业的制造企业为研究对象，首先，通过文献梳理提炼出单元级价值创造能力指标的各个维度，并对每个维度的测量指标进行筛选。其次，通过行业协会推荐的专家和企业高层领导者的半结构化访谈，完善部分测量题项。最后，通过 20 家制造企业的小规模预调研对问卷的设计中存在的内容表述进行完善和修改，最终形成正式调研问卷。

大样本数据来源包括两部分，其中来源于现场调研，通过走访企业、参加 2018 年制造企业大型会议获取制造企业的调研问卷。问卷全部由制造企业的领导人或企业高层管理者填写。调研共发放问卷 450 份，收回有效问卷 213 份，有效问卷回收率为 47.3%。样本满足结构方程模型的数据分析要求。问卷样本企业来自 24 个省、直辖市、自治区，涉及相关产业的 10 种产业类型。样本基本特征如表 4.1 所示。

表 4.1　样本基本特征

特征	分类标准	样本数（家）	占比（%）
成立时间	5 年及以下	27	12.68
	6～10 年	51	23.94
	11～20 年	67	31.46
	21 年及以上	68	31.92
公司人员规模	100 人及以下	69	32.39
	101～300 人	52	24.41
	301～500 人	32	15.02
	501～1000 人	16	7.51
	1001～3000 人	20	9.39
	3001 人及以上	24	11.27
单位性质	国有独资企业	31	14.55
	"三资"企业	7	3.29
	民营企业	116	54.46
	国有控股企业	27	12.68
	其他	32	15.02
应用产业类型（有重合）	基础设施行业	12	5.63
	食品工业加工	12	5.63
	医药工业	14	6.57
	化工工业	57	26.76
	水处理行业	152	71.36
	其他	23	10.80
公司所处发展阶段	创业阶段	18	8.45
	发展阶段	108	50.70
	成熟阶段	79	37.09
	衰退阶段	8	3.76

4.3.1.3　单元级价值创造能力的变量确定

为研究体系级价值创造能力要素的维度，本书基于十种单元级价值创造能力的要素构成设计相应的量表。

系统级价值创造能力分为价值情报探测及分析系统能力、协调控制系统能力和协同生产系统能力。其中，价值情报探测及分析系统能力包括价值情报感知融合能力、顾客价值主张识别能力、价值创造模式设计能力；协调控制系统能力包括指挥决策能力、生产网络控制能力、资源配置能力和绩效考核能力；协同生产系统能力包括快速反应能力、精准生产能力和价值分配与获取能力（见表4.2）。

表 4.2　制造企业价值共创体系各级能力情况

一级体系能力	二级系统能力	三级单元能力
体系级价值创造能力（YYY）	价值情报探测及分析系统能力（z1）	价值情报感知融合能力（xx1）
		顾客价值主张识别能力（xx2）
		价值创造模式设计能力（xx3）
	协调控制系统能力（z2）	指挥决策能力（xx4）
		生产网络控制能力（xx5）
		资源配置能力（xx6）
		绩效考核能力（xx7）
	协同生产系统能力（z3）	快速反应能力（xx8）
		精准生产能力（xx9）
		价值分配与获取能力（xx10）

制造企业价值共创体系的价值情报感知融合能力（xx1）主要包括四种能力要素：多维情报收集能力（x1），体系对情报的收集越丰富，越有利于对商业态势的掌控；获取顾客情报能力（x2），体系越了解顾客，对顾客需求的掌控能力越强；情报共享能力（x3）；情报分析融合能力（x4），体系能够共享和融合分析情报对于其掌握市场动态具有重要作用。

顾客价值主张识别能力（xx2）主要包括三种能力要素：获取目标市场

能力（x5），价值主张创新能力（x6），一致的价值主张（x7）。获取目标市场能力（x5）越强，体系越能够通过市场目标找准市场定位，挖掘出顾客的实际需求情况。体系创新价值主张能力越强（x6），越有利于价值创造；企业越能与顾客保持同步的价值主张，企业产品得到的认可越大。体系的价值主张（x7）与客户的价值主张一致时，体系将更能理解客户需求，并生产出客户满意的产品或提供完美服务。

体系价值创造模式设计能力（xx3）主要包括三种能力要素：盈利模式设计能力（x8），收入成本模式设计能力（x9），利润获取模式设计能力（x10）。众多学者将商业模式定义为企业价值创造系统，并提出影响商业模式的因素包括盈利模式、收入成本模式、利润获取模式，体系价值创造模式设计能力是体系能够保持收入成本合理性，获得合理利润，保持体系可持续成长的一种能力。当体系能够依托网络提出创新的获利模式，提高收入、降低成本的方法，分享体系中的主要利润时，体系的价值创造能力将得到显著提升。

体系的指挥决策能力（xx4）主要包括四种能力要素：构造网络共同愿景，解决冲突能力（x11）；完善流程，深化关系能力（x12）；统一筹划和决策能力（x13）；建立隔离机制能力（x14）。当体系在成员关系协调中，能够重复考虑各个价值共创者的关系构造共同愿景，引导和协调体系的价值创造活动并合理解决冲突时，体系的指挥决策能力会更高。当体系能够完善体系的合作流程，并根据经验持续的深化和改善成员之间的关系时，体系的指挥决策能力会随之增强。当体系能够量化融合、判断生产模式、流程、资源并进行统一策划和决策，有效建立隔离机制，避免其他竞争对手模仿和攻击时，体系的指挥决策能力更好。

生产网络控制能力（xx5）主要包括三种能力要素：跟踪生产能力（x15），有效修正生产能力（x16），精确协同生产能力（x17）。跟踪生产能力（x15）指体系能够全程跟踪生产行动并监督体系全部价值共创者按指令进行生产的能力，此种能力越强，体系的网络控制能力越强。有效修正生产能力（x16）指体系能够及时回顾生产中失误，有效进行修正的能力，当体系能够及时、有效修正错误的时候，体系的生产网络控制能力增强。精确协同生产能力（x17）指体系能够并行互动计划体系生产，动态分配任务，实施精确协同生产的能力。协同生产能力越强，体系的生产网络控制能力越强。

资源配置能力（xx6）主要包括三种能力要素：获取资源能力（x18），利用资源能力（x19），应对变化能力（x20）。体系能够通过体系内部成员搜索并获取的资源越多，体系的资源配置能力越强，获取的资源能够合理利用的越多，并且体系善于根据需要调整体系的文化、服务、品牌资源应对变化的能力越强，体系的资源配置能力越强。

绩效考核能力（xx7）主要包括三种能力要素：生产效能评估与反馈能力（x21），价值创造模式评估与反馈能力（x22），价值获取模式评估与反馈能力（x23）。体系要想达到价值创造任务的目标，必须要能够及时反馈行动与目标的一致程度，因此，当体系能够对整个价值共创网络的生产效能、价值创造流程、价值获取模式进行评估和反馈时，体系的绩效考核能力将显著提升。

快速反应能力（xx8）主要包括两种能力要素：调整生产能力（x24），反应敏捷能力（x25）。当体系能够适时调整生产并对生产指令快速敏捷反应时，体系的快速反应能力提升，促进体系生产的精准性和敏捷性。

精准生产能力（xx9）主要包括两种能力要素：多批次、多样生产能力（x26），体系实时调整能力（x27）。当体系能够多批次、批量、多样化按顾客需求生产产品，并能够实时调整方案时，体系的精准生产能力将得到显著提升。

价值分配与获取能力（xx10）主要包括三种能力要素：价值分配机制建立能力（x28），利润分配能力（x29），价值获取能力（x30）。体系的价值创造能力实际上是一个抽象的宏观概念，它不仅包括微观意义的价值创造，还包括价值传递和价值实现。体系能否建立合理的价值分配机制是体系得以生存和发展的关键能力，体系的价值分配机制建立能力越强，其价值分配与获取能力越高。当体系能够满足体系成员的价值利益诉求并及时调整合作模式，合理分配利润并能够按设定的价值获取模式实现价值获取时，体系越能够分得更多的利润。

根据单元级价值创造能力的要素构成制作的测量量表如表4.3所示。

表4.3　制造企业价值共创体系内单元级价值创造能力测量量表

单元能力	能力要素测量题项
价值情报感知融合能力（xx1）	①体系能够收集行业技术发展、市场发展、竞争情况、潜在合作伙伴信息与网络资源（x1）
	②与顾客建立可持续的伙伴关系，交流产品的经验和知识（x2）
	③体系能与网络合作伙伴共同提供商业情报，并进行有效的情报分析，识别环境机会与威胁，辨识潜在网络价值与机会（x3）
	④体系能够融合分析侦察的商业情报，预测价值创造网络演化趋势（x4）
顾客价值主张识别能力（xx2）	⑤体系依托网络能够创新性地挖掘客户需求，获得不同的目标市场（x5）
	⑥体系依托网络提出创新的价值主张（x6）
	⑦体系善于与合作伙伴沟通界定目标客户，并有一致的价值主张（x7）
价值创造模式设计能力（xx3）	⑧体系依托网络提出创新性的获取利润的方式（x8）
	⑨体系依托网络采用提高收入、降低成本的新方法，增加了企业、伙伴和顾客的收益（x9）
	⑩体系能够在价值网络中进行较好的定位，分享价值网络中的主要利润（x10）
指挥决策能力（xx4）	⑪体系在网络关系协调中，能充分考虑各个合作伙伴间潜在的依存关系构造网络共同愿景，引导和协调网络活动，解决冲突（x11）
	⑫完善网络中的合作流程，根据经验持续性地深化和改善与合作伙伴的关系（x12）
	⑬体系融合量化判断生产模式、流程、资源并进行网络统一筹划和决策（x13）
	⑭体系能够建立有效的隔离机制，避免其他企业的模仿和攻击（x14）

单元能力	能力要素测量题项
生产网络控制能力（xx5）	⑮全程跟踪网络生产行动督导网络成员按指令生产（x15）
	⑯能够定期回顾合作过程中的失误，避免发生类似错误，及时有效地进行修正（x16）
	⑰体系能够并行互动计划网络生产，动态分配任务，实施精确协同网络生产（x17）
资源配置能力（xx6）	⑱体系通过网络搜索、获取资源（x18）
	⑲体系经常组织网络内部交流合作利用资源（x19）
	⑳体系善于根据需要调整体系价值理念和文化、服务、品牌资源以应对变化（x20）
绩效考核能力（xx7）	㉑体系能够对网络生产效能进行良好的评估与反馈（x21）
	㉒体系能够对价值创造流程的合理性进行评估与反馈（x22）
	㉓体系能够对价值获取模式进行合理的评估与反馈（x23）
快速反应能力（xx8）	㉔体系能够适时调整生产（x24）
	㉕体系能够对生产指令反应敏捷（x25）
精准生产能力（xx9）	㉖体系能够多批次、批量、多样化按顾客需求生产产品（x26）
	㉗体系能够实时按调整方案改变生产（x27）
价值分配与获取能力（xx10）	㉘体系能够建立合理的价值分配机制（x28）
	㉙体系能够满足网络成员的价值利益诉求及时调整合作模式，合理分配利润（x29）
	㉚体系能够按设定的价值获取模式实现价值获取（x30）

4.3.1.4　单元级价值创造能力变量的测量属性评价

首先对制造企业价值共创体系的单元级价值创造能力的 10 个维度的 30 个构成要素进行信度和效度检验，结果显示各量表的 Cronbach's α 系数均大于 0.8，分析表明指标合理有效。对量表中的每一种价值创造单元能力进行 KMO 和 Bartlett 的检验，结果表明，各项单元能力设计的指标的检验值 KMO 均大于 0.8，Bartlett 球形检验的显著性概率为 0.000，小于 0.01，适合做因子分析，每个价值创造单元能力的可观测变量经过因子分析都可旋转出一个特征根大于 1 的因子，并解释变量数据的 89% 以上，结果如表 4.4 所示。

表 4.4　单元级价值创造能力各个变量量表的信度和效度分析

能力维度	基于标准化项的 Cronbach's α	单一成分解释比例
价值情报感知融合能力（xx1）	0.932	83.334
顾客价值主张识别能力（xx2）	0.968	94.076
价值创造模式设计能力（xx3）	0.911	85.078
指挥决策能力（xx4）	0.937	84.179
生产网络控制能力（xx5）	0.944	89.934
资源配置能力（xx6）	0.924	86.826
绩效考核能力（xx7）	0.938	89.129
快速反应能力（xx8）	0.931	93.650
精准生产能力（xx9）	0.908	91.606
价值分配与获取能力（xx10）	0.871	79.719

4.3.2　探索性因子分析

在对价值创造单元能力信度检验通过后，效度检验结果（Bartlett 球形检验卡方 = 1004.639，$p < 0.001$）显示量表适合做提取公共因子。利用主成分分析法，提取特征根大于 1 的公因子，并采用最大方差法进行因子旋转，得出旋转后的因子载荷矩阵（见表 4.5）。

表 4.5　旋转的因子载荷矩阵

主因子 变量	1	2	3	解释量
价值情报感知融合能力（xx1）	0.306	0.198	0.735	
顾客价值主张识别能力（xx2）	0.124	0.093	0.807	29.498
价值创造模式设计能力（xx3）	0.279	0.242	0.774	

主因子 变量	1	2	3	解释量
指挥决策能力（xx4）	0.787	0.232	0.304	
生产网络控制能力（xx5）	0.795	0.178	0.254	
资源配置能力（xx6）	0.816	0.231	0.223	22.085
绩效考核能力（xx7）	0.834	0.203	0.123	
快速反应能力（xx8）	0.168	0.842	0.134	
精准生产能力（xx9）	0.193	0.835	0.172	20.985
价值分配与获取能力（xx10）	0.291	0.719	0.197	

通过对表 4.5 的分析可知，通过因子旋转，提取了三个主成分因子，分别为 F_1、F_2、F_3。价值情报感知融合能力、顾客价值主张识别能力、价值创造模式设计能力三个题项可归属因子 F_1，每个题项的因子载荷都大于 0.5，该因子反映了价值情报探测及分析系统能力的特点，所以它们属于价值情报探测及分析系统能力；指挥决策能力、生产网络控制能力、资源配置能力、绩效考核能力四个题项可归属因子 F_2，每个题项的因子载荷都大于 0.5，所以，它们属于协调控制系统能力；快速反应能力、精准生产能力、价值分配与获取能力三个题项归属于因子 F_3，每个题项的因子载荷都大于 0.5，该因子反映了协同生产系统能力的特点，所以它们属于协同生产系统能力。

表 4.5 充分说明题项在对应主成分因子上的载荷系数都大于 0.5，证明了本章构建的单元级价值创造能力量表具有合理性。模型中建立的能力构成维度符合实际情况。由此，对本章构造的制造企业价值共创体系的能力模型探索性地进行了验证。

4.3.3 验证性因子分析

探索性因子分析结果表明：制造企业价值共创体系的价值创造能力是由价值情报预测及分析系统能力、协调控制系统能力、协同生产系统能力三个潜变量组成，为了探究制造企业价值共创体系的价值创造能力量表的因素结构模型与实际数据的契合度，各能力要素测量题项是否可以有效作为潜变量的测量变量，本章采用结构方程理论建立二阶验证测量模型，运用验证性因子分析对制造企业价值共创体系的价值创造能力模型的合理性做进一步的验证。

应用 Amos 7.0 软件生成验证性因子分析标准化估计值模型，如图 4.2 所示。为了验证模型的适用性，进一步对模型进行信度和效度的检验，以验证模型适用性。模型图的拟合指标如表 4.6 所示。通过表 4.6 可以看出，各项拟合指标均达到拟合优度的检验标准，表明模型拟合程度符合要求。可以验证体系级价值创造能力是一个三阶十维概念，三阶包含体系级价值创造能力、系统级价值创造能力、单元级价值创造能力。系统级价值创造能力又分为价值情报探测及分析系统能力、协调控制系统能力和协同生产系统能力。其中，价值情报探测及分析系统能力包括价值情报感知融合能力、顾客价值主张识别能力、价值创造模式设计能力；协调控制系统能力包括指挥决策能力、生产网络控制能力、资源配置能力和绩效考核能力；协同生产系统能力包括快速反应能力、精准生产能力和价值分配与获取能力共十个维度。

通过验证性因子分析可知，企业价值共创体系的价值创造能力模型是有效的。同时，通过模型的标准化路径系数（见表4.7）可看出，每个系统级价值创造能力均对体系的价值创造能力产生影响，但是影响程度略有不同。

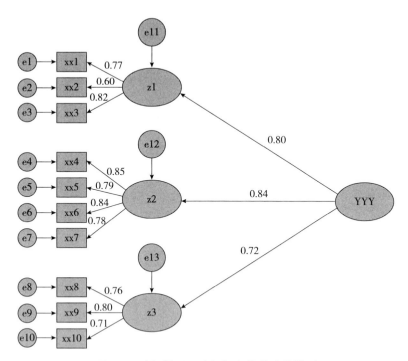

图 4.2 验证性因子分析标准化估计值模型

表 4.6 标准化估计值模型拟合指标

检测指标	分析结果	判断标准
卡方/自由度	1.056	<3
NFI	0.968	>0.9
IFI	0.998	>0.9
GFI	0.970	>0.9
RMR	0.075	<0.08

表 4.7 结构方程路径系数

			标准化系数	非标准化系数	S.E.	C.R.	P
Z1	<---	YYY	0.803	1.000			
Z2	<---	YYY	0.843	1.363	0.202	6.75	***

			标准化系数	非标准化系数	S. E.	C. R.	P
Z3	<---	YYY	0.721	1.195	0.186	6.426	***
xx1	<---	Z1	0.765	1.000			
xx2	<---	Z1	0.602	0.884	0.11	8.07	***
xx3	<---	Z1	0.823	1.084	0.106	10.269	***
xx4	<---	Z2	0.852	1.000			
xx5	<---	Z2	0.790	0.963	0.072	13.429	***
xx6	<---	Z2	0.844	0.858	0.058	14.773	***
xx7	<---	Z2	0.780	1.008	0.076	13.181	***
xx8	<---	Z3	0.762	1.000			
xx9	<---	Z3	0.804	0.884	0.087	10.216	***
xx10	<---	Z3	0.713	0.745	0.079	9.442	***

注：*** 表示符合检验标准。

4.4　本章小结

本章详细分析了制造企业价值共创体系的价值创造能力、单元级价值创造能力和系统级价值创造能力的内涵及构成，建立了我国制造企业价值共创体系价值创造能力概念模型，以我国213家制造企业为样本，开发了制造企业价值共创体系单元级价值创造能力要素测量量表，通过探索性因子分析和验证性因子分析方法实证了我国制造企业价值共创体系价值创造能力的三阶十维结构。

我国制造企业价值共创体系的价值创造能力包括三个维度：体系级价值创造能力、系统级价值创造能力、单元级价值创造能力。单元级价值创造能力包括价值情报感知融合能力、顾客价值主张识别能力、价值创造模式设计能力、指挥决策能力、生产网络控制能力、资源配置能力、绩效考核能力、快速反应能力、精准生产能力、价值分配与获取能力。系统级价值创造能力包括价值情报探测及分析系统能力、协调控制系统能力、协同生产系统能力。

　　本章对体系各级价值创造能力的分析为下一章基于体系的结构及各级价值创造能力建立体系超网络模型，刻画时空演进过程中制造企业价值共创体系价值创造能力的涌现过程奠定理论基础。

5

制造企业价值共创体系的价值
创造能力涌现机理

在阐释了我国制造企业价值共创体系的结构、价值创造能力三阶十维结构的基础上，本章引入时间因素，构建融合"体系结构-体系单元级价值创造能力—系统级价值创造能力—体系级价值创造能力"的制造企业价值共创体系超网络模型，分析我国制造企业价值共创体系价值创造能力的涌现机理，揭示我国制造企业价值共创体系如何基于体系结构，经过多次演化最终涌现形成体系级价值创造能力的过程。

5.1 制造企业价值共创体系的
价值创造能力涌现过程理论分析

制造企业价值共创体系是能够涌现出新质能力的多个既独立又联系的系统集合[137]，具备组成系统独立、关联关系相互依赖、动态演化与涌现等特征。传统的还原论思想无法揭示制造企业价值共创体系的复杂性，因此，从复杂性科学视角研究制造企业价值共创体系成为新的热点。制造企业价值共创体系的涌现现象是指体系内部组成单元或系统通过相互作用，产生了体系整体上具有而各部分不具有的新特征和模式[138]。涌现理论认为具有可识别并且可重复发生的特征和模式才是涌现现象[139]。研究复杂系统的涌现机理是复杂系统研究的重要组成部分。企业价值共创体系是未来企业的组织形式，企业价值共创体系的价值创造能力是体系涌现性外在表现形式。深入地理解制造企业价值共创体系的涌现现象，基于结构-能力视角建立制造企业价值共创体系的超网络结构模型，研究制造企业价值共创体系的价值创造能力的涌现规律，不仅可以探索制造企业价值共创体系演化动力学过程，而且可运用涌现现象中存在的规律，实现对制造企业价值共创体系运转的控制和优化，对于提升制造企业价值共创体系的价值创造能力具有重要的理论意义和现实意义。

5.1.1　制造企业价值共创体系的价值创造能力涌现条件分析

5.1.1.1　制造企业价值共创体系价值创造能力的涌现

制造企业价值共创体系价值创造能力的涌现可以表述为：制造企业价值共创体系内的价值共创者在适应体系外界环境的过程中，在共同的价值创造目标下，通过相互联系、资源共享、功能互补等建立起的非线性关系，使体系的价值创造能力得到质的提升，产生了新的、各组分不具有的、更高层次的价值创造能力。其涌现性表现在：第一，制造企业价值共创体系价值创造能力的涌现不是体系单元能力或系统能力的加和；第二，体系涌现出的价值创造能力的种类不同于单元能力或系统能力的种类；第三，独立考察单元能力并不能推导出体系整体的价值创造能力。

制造企业价值共创体系的价值创造能力的涌现与体系的成熟度有关，即与体系的广度与深度有关。体系内各价值共创者的活性程度、核心能力以及它们之间的联结方式、联结强度、联结持续性等决定体系的深度。体系的广度指体系中价值共创者的数量以及它们之间关联协作的空间范围。体系的广度与深度共同决定体系价值创造能力涌现的强弱。体系的深度和广度越完善，体系价值创造能力涌现越显著。

制造企业价值共创体系的价值创造能力的涌现还来源于体系与环境的复杂耦合关联关系。体系提供的资源、政府政策扶持、资金支持、市场需求等环境因素，共同构成了体系涌现所需的资源和约束条件。体系内各个要素以及其与外部环境之间的复杂耦合关系，实现了体系内价值共创者之间的信息、知识流动和共享，并通过这种持续的交互作用，改变自身的结构和行为，涌现出体系整体的价值创造能力。伴随着外界环境的成熟，体系涌现的价值创造能力也越显著，与周围环境和内部要素的耦合关系也会越来越紧密，进而推动体系由低层次向高层次演进，涌现出新的更高层次的价值创造能力。

5.1.1.2　制造企业价值共创体系的价值创造能力涌现的前提特征

涌现现象产生的根源是主体在简单规则的支配下的相互作用，是体系能力系统层次结构间整体宏观的动态现象。复杂性科学认为，系统能够发生涌现现象至少具备以下特征：非线性、自组织性、远离平衡态和存在吸引子等[131]。

（1）非线性。非线性指系统内部各组成要素之间互相存在着复杂的非线性作用，系统整体功能不等于各组成要素功能之和，系统的微小输入变化可能导致系统输出的重大改变，即所谓的"蝴蝶效应"。制造企业价值共创体系的价值创造单元之间的非线性作用是体系产生有序结构的内在因素，是体系产生价值创造行为的必然条件。企业价值共创体系是复杂大系统，体系内部具有不同功能的价值创造单元通过多种方式进行沟通交流、合作生产、传递知识等，体系资源的投入与产生表现出明显的非线性作用关系。任何一个价值创造单元或者单元关系的改变都会引起体系输出的价值创造能力发生重大变化。

（2）自组织。自组织指系统具有进化特性，表现为系统在无外界强迫下系统的组分、规模、结构或功能等随时间的推移，朝着有利于自身存在的方向自我调整、自主适应内外环境变化的有序行为。制造企业价值共创体系的价值创造能力的主体是人或者人组成的团队或是组织，体系内全部主体都具有适应能力和学习能力，并根据环境及与主体关系的变化调节自身的思想行为、能力属性以及规模结构等，表现出自组织效果。从宏观层面上表现为体系的能力从无序到有序的演进，最终形成体系的价值创造能力。

（3）远离平衡态。在远离平衡条件下某些行为的随机事件才能在非线性作用中得到放大，这种随机事件的放大又是产生不可预见涌现的关键原因。制造企业价值共创体系的价值创造能力存在于开放的体系环境中，外界环境的不断变化会影响其变化，体系内部要素之间也时刻发生着复杂的变化，在体系内部和外部的复杂变化的综合影响下，体系会因某个随机事件的放大而不断打破体系的相对平衡状态，使体系中各部分重新组合，形成新的内部模型，从而使体系的价值创造能力向新的状态演变。

（4）存在吸引子。同时满足终极性、稳定性和吸引性三个条件的集合称为吸引子。终极性就是系统进化轨道的终点；稳定性是系统具有抵抗干扰，保持自身特性的能力；吸引性指对于周围的其他状态具有吸引性。拥有多个吸引子是涌现现象发生的条件。制造企业价值共创体系的价值创造能力是体系成员共同追求的最高级功能，在形成价值创造能力的同时，体系成员也获得了相应的利益。体系为了加强价值创造能力，会制定相应的体系愿景、体系文化以及绩效目标等。这些吸引子对于体系内部价值共创者、团队、部门等价值创造者来说，都具有明确、强烈的目的性和吸引性，会促进体系内部全体成员朝着共同的目标去努力，经过全体价值共创者相互的协同作用后，体系的知识结构不断更新，进而涌现出更多的价值创造能力。

5.1.2 制造企业价值共创体系的价值创造能力涌现过程描述

5.1.2.1 演化与涌现的联系与区别

"演化"一词英文翻译为"evolution"，起源于拉丁文"evolvere"，最初的含义为一个卷在一起的东西打开，或者指任何事物的生长、变化或发展，主要关注事物随时间而变化的过程。"Evolution"最早借用于生物领域，指生物由低级向高级、由简单向复杂的演化。后来，达尔文将"有变化的传衍"来表示演化一词，演化用来指生物随时间既变化又连续的过程，此后，演化的含义就越发模糊。《牛津英语词典》（*The Oxford English Dictionary*）对"演化"一词的概念进行了概括：①发展和展开的过程；②出现或突现的过程；③解除或散发的过程；④曲线展开的过程；⑤详细工作的过程；⑥从初级到成熟或完全状态的发展的过程，或者指物种的起源；⑦根据内在的趋势，有机体具有可比性的事物的发展过程；⑧来自宇宙物质的天体形成过程；⑨人类社会的发展过程。这也说明了"演化"一词使用的广泛性。演化可理解为包含宏观和微观两种含义。本章所关注的"演化"是价值创造能力随时间而变化的过程和状态。演化如果按照变化过程的本质可分为两种：一种为渐变、渐进并且无突变的变化过程，另一种为有突变的变化过程。复杂适应系统理论认为，系统演化过程中层次的提升过程本质上就是系统发生涌现的过程。涌现是一种特殊意义的演化。因此，研究企业价值共创体系的价值创造能力的形成过程，就是研究价值创造能力无突变演化和有突变演化的过程。本章为了表现出涌现的特征，将有突变的演化过程用涌现来表达，更能体现价值创造能力的本质。

本章研究目的是以复杂系统的视角揭示制造企业价值创造能力变化的动态过程，解释说明体系的价值创造能力为何达到目前这个状态？又是如何达到的？呈现出来的规律性如何？

5.1.2.2　价值创造能力形成的三个阶段

企业价值共创体系的价值创造能力是典型的复杂大系统整体表现出的功能或特性，是体系涌现性的外在表现形式，其形成机理具有一定的复杂性。

本章将制造企业价值共创体系的价值创造能力的形成分为三个阶段：

第一阶段是单元能力在各种影响因素的作用下，随着时间不断演化的阶段。这一阶段，最底层的单元级价值创造能力在持续与外界环境互动的过程中，有很多因素影响其价值创造能力的演化。单元能力在单元自身影响作用、单元相互影响作用、体系内环境影响作用、体系外环境影响作用四种影响因素的作用下，不断进行演化。

第二阶段是单元能力向系统能力涌现阶段。基于第4章制造企业价值共创体系的价值创造能力构成模型的分析可知，单元级价值创造能力是体系最底层能力，相似功能的单元能力之间通过交互作用，交互关系通过耦合，产生更高"质""量"的价值创造能力，经过多次循环、多次交互，单元级价值创造能力涌现出更高层次的系统级价值创造能力。在系统级价值创造能力的涌现过程中，价值创造单元之间通过双向非扩散耦合作用达到单元同步，通过同步过程，实现体系能力系统由无序状态向有序状态转化，在转化过程中每个价值创造单元基于共同的价值创造目标，相互学习、彼此沟通，在与彼此之间以及与环境进行交互过程中，遵循同质单元能力组合和异质单元能力以非线性方式聚合的原则，从数量众多的单元级价值创造能力涌现出系统级价值创造能力，完成了第一轮涌现过程，同时也是下一轮涌现的起点。

第三阶段是系统能力向体系能力涌现阶段。制造企业价值共创体系的三个系统在一致的价值创造目标指引下，基于共同的利益，相互协作、不断协同并调整系统结构，相互适应完成客户所需产品或服务。在这个过程中，系统以"平衡—不平衡—平衡"循环往复，体系从无序状态向有序状态的迭代过程，就是系统级价值创造能力逐步涌现为体系整体价值创造能力的过程。系统级价值创造能力的聚合原则同单元能力聚合原则，通过系统级价值创造能力的交互作用，最终形成了体系终极的价值创造能力。

综上所述，制造企业价值共创体系的价值创造能力是由体系的基本价值创造单元能力通过向上聚合首先形成系统级价值创造能力，然后由系统级价值创造能力涌现出整体的体系级价值创造能力，如图5.1所示。制造企业价值共创体系级价值创造能力的一阶涌现为单元层向系统层的聚合过程。组成体系的价值创造单元通过相互影响和相互作用涌现出系统级价值创造能力，即价值情报探测及分析系统能力、协调控制系统能力、协同生产系统能力。企业价值共创体系二阶涌现为系统层向体系层的聚合过程。价值情报探测及分析系统能力、协调控制系统能力、协同生产系统能力通过相互影响和作用涌现出体系级价值创造能力。

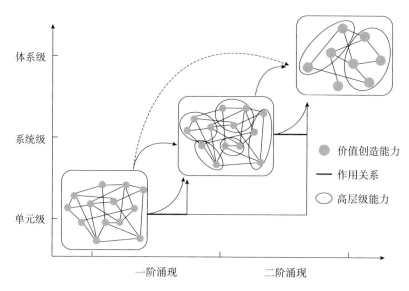

图 5.1　制造企业价值共创体系价值创造能力涌现过程

制造企业价值共创体系的价值创造能力最终的形成是通过量变和质变两种途径实现的，既包括价值创造能力的演化，又包括价值创造能力的涌现。首先，价值创造能力的增加表现为量上的连续变化。其次，在价值创造能力量变积累的过程中，间隔性地产生新质价值创造能力，表现为一种渐进向上而后突变的状态。每次质变都会形成较高的中间层次，产生一次新质的提升。层次是从元素质到系统整体质的根本质变过程中呈现出来的部分质变序列中的各个阶梯。价值共创体系的价值创造单元一方面通过与内外环境的相互作用，不断突破自己以达到适应；另一方面通过与其他价值创造单元的协同提高自身的适应性能力，这些刺激和协同行为推动了新的层次的涌现。所以，体系的价值创造能力的形成是以涌现为阶梯，是一个阶梯式、由低级向高级、由简单到复杂、递进式发展的过程。涌现现象的产生是一种规则作用下的系统稳态，因此，体系的价值创造能力在一段较长的时间内可以自我调节、自我维持，并克服随机因素的影响保持结构整体的不变。

5.1.3　基于结构–能力的制造企业价值共创体系超网络模型构建

5.1.3.1　基于结构–能力的制造企业价值共创体系超网络

超网络也称为"网络的网络"。超网络通常指节点异质、连接关系复杂且存在虚拟的节点、边和流等的大型网络[71]。特别适合表述不同性质网络的复杂交互作用和影响（尤其是层间和级间）[140]，被广泛用于描述各种复杂网络问题。因此，本章应用超网络理论描述和分析制造企业价值共创体系更符合其特点和性质。

系统科学认为，企业价值共创体系的能力系统是体系的一种虚拟结构，所以，用超网络方法描述我国制造企业价值共创体系结构时，将体系的价值创造能力看作体系的一种由实体结构衍生出的虚拟结构，基于体系的实体结构和虚拟结构，构造了基于结构–能力的我国制造企业价值共创体系超网络模型以探寻其价值创造能力的涌现机理。

基于结构–能力的制造企业价值共创体系超网络（SN-CVS）是为完成同一价值创造任务，以生产实体单元、单元级价值创造能力、系统级价值创造能力、体系级价值创造能力为节点（以下简称为单元能力、系统能力、体系能力），以节点之间的映射关系为边，由实体层（价值创造单元网络）、功能层（功能层包括单元能力网络、系统能力网络、体系能力网络）组成的两层四网异构复杂网络。可表示为：$G(A, E)$，A 为节点的集合，E 为连边的集合。$A = \{V, C, K, S\}$，其中 V 代表参与价值创造的单元节点的集合，C 代表单元能力节点的集合，K 代表系统能力节点的集合，S 代表体系能力节点的集合。$E = \{E_{V-V}, E_{C-C}, E_{K-K}, E_{S-S}, E_{V-C}, E_{C-K}, E_{K-S}\}$ 分别对应着价值创造单元网络的边、单元能力网络的边、系统能力网络的边、体系能力网络的边，以及单元到单元能力之间的映射、单元能力到系统能力之间的映射、系统能力到体系能力之间的映射，如图 5.2 所示。

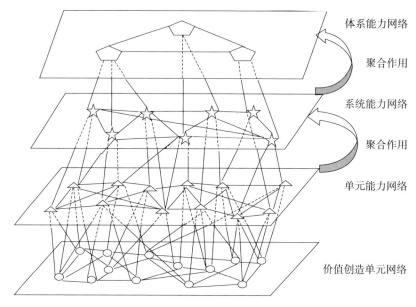

图 5.2　制造企业价值共创体系超网络结构

5.1.3.2　基于结构-能力的制造企业价值共创体系超网络结构

（1）实体层。实体层包含一个价值创造单元网络，它是由不同价值创造功能的价值创造单元以价值流转顺序关系为连边构成的网络。表示为 $G_V = (V, E_{V-V})$，V 代表节点集合，按照价值创造单元的功能属性划分为情报单元 V_{Ii}、协调控制单元 V_{Cj}、生产运行单元 V_{Mk}；E_{V-V} 为连边集合，划分为情报关系连边 E_{Ii}、协调控制关系连边 E_{Cj}、生产关系连边 E_{Mk} 三类。

制造企业价值共创体系单元间复杂关系是体系能力涌现的微观机制，是分析价值创造能力涌现性的基础。价值流转程序链是体系中一种单元之间的基本关系，是根据某一特定价值创造任务，由特定的情报单元集 $\{V_{Ii}\}$、协调控制单元集 $\{V_{Cj}\}$、生产单元集 $\{V_{Mk}\}$ 组合而成，通过顾客需求的协同感知、分析、整合、协调、决策、控制、生产等一系列过程，完成特定价值创造任务的程序链，可表示为 VCP $= \{V_{Ii}\} \rightarrow \{V_{Cj}\} \rightarrow \{V_{Mk}\}$。VCP 包括情报、协调控制和生产运行三种类型的价值创造单元且缺一不可。

（2）功能层。功能层由三级网络组成即单元能力网络、系统能力网络、体系能力网络，各网络表示各种同级能力的交互作用关系。各级网络以本级能力为节点（能力节点是价值创造单元映射出的虚拟节点），以能力之间的相互作用为边构建网络。

①单元能力网络。单元能力是反映单个价值创造单元所具有的功能或属性，记为 C。比如商业情报收集能力、信息交流能力、资源配置能力、生产能力等各种价值创造单元所具有的功能。价值创造流程相依关系是指在 t 时刻，按照价值流转的先后顺序，单元 V_i 能力 C_i 与单元 V_j 能力 C_j 之间的相互关系。假设 V_i、V_j 同属于一个价值创造流转程序链，且顺序相邻，则两者的价值流转相依关系为 $R_{ij} = 1$，否则 $R_{ij} = 0$，表示 $R_{ij} = \begin{cases} 1, \ v_i, \ v_j \in \text{VCP} \text{ 且 } j = i + 1 \\ 0, \ \text{其他} \end{cases}$。

价值流转相依关系 R 至少包含两类连边，即情报连边 E_{I-VCP} 和协调控制连边 E_{C-VCP}，故有 $R \supseteq \{E_{I-VCP} \cup E_{C-VCP}\}$，$E_{I-VCP} \subseteq E_I$，$E_{C-VCP} \subseteq E_C$。

单元能力网络表示为 $G_C = (C, E_{C-C})$，它是以单元能力为节点（用小圆表示），以单元能力之间的相关关系为边所构建的网络。$C = \{C_1, C_2, \cdots, C_n\}$ 表示所有单元能力集合，单元能力分为三类：价值情报探测及分析系统能力 CI、协调控制系统能力 CC、协同生产系统能力 CM。$E_{C-C} = \{(C_i, C_j)\}$ 表示单元能力之间的相互关系构成的连边集合。单元能力的关联关系通过聚合作用形成系统能力关联关系和体系能力关联关系，所以，分析企业价值共创体系的涌现主要以分析单元能力关联关系为基础。

②系统能力网络。系统能力是反映若干价值创造单元由于相似功能聚合所形成的功能或属性，记为 G_K，是由单元能力相互作用、相互影响而涌现出的更高层级能力属性，属于单元能力的上一层级，比如情报预测能力、协调控制能力、协同生产能力等。系统能力网络表示为 $G_K = \{K, E_{K-K}\}$，$K = \{K_1, K_2, \cdots, K_n\}$ 为系统能力节点的集合，$E_{K-K} = \{(K_i, K_j)\}$ 为边的集合。(K_i, K_j) 表示体系能力节点 K_i 和 K_j 之间存在一条边。

③体系能力网络。体系能力是反映价值创造单元由于异质功能聚合所形成的功能或属性，记为 G_S，是由系统能力相互作用、相互影响而涌现出的更高层级能力属性，属于系统级能力的上一层级。体系能力网络表示为 $G_S = \{S,$

E_{S-S} }，其中 $S = \{ S_1, S_2, \cdots, S_n \}$ 表示体系能力节点的集合，$E_{S-S} = \{ (S_i, S_j) \}$ 为边的集合。(S_i, S_j) 表示体系能力节点 S_i 和 S_j 之间存在一条边。

实体层 G_V 是企业价值共创体系的基础，G_C、G_K、G_S 是价值创造单元各级功能属性的体现。四级网络之间的关系共有三种。

5.1.3.3 映射关系

（1）单元到单元能力的映射。

E_{V-C} 表示价值创造单元 V 和单元能力 C 之间存在一条边，即单元 V 掌握（拥有）单元能力 C，所以单元 V 是单元能力 C 的生命载体。单元能力是系统能力和体系能力的基础，每个单元能力都来源于具体的某个单元。通过单元-能力映射关系，可建立企业价值共创体系结构到价值创造能力结构之间的关联映射关系即某个单元可具备多项单元能力（与多个单元能力建立连边）；而某项单元能力也可归属于多个单元，也可与多个单元建立连边。所以设单元-能力映射矩阵为：

$$M_{V-C} = \lfloor m_{V_i - C_j} \rfloor_{|V| \times |C|} \tag{5.1}$$

其中，$m_{V_i - C_j}$ 为单元 V_i 与能力 C_j 之间的映射关系，如果两者存在一条连边，$m_{V_i - C_j} = 1$，反之，$m_{V_i - C_j} = 0$；$|V|$ 表示价值创造单元的数量，$i \in \lfloor 1, |V| \rfloor$，$|C|$ 表示价值创造单元能力的数量，$j \in \lfloor 1, |C| \rfloor$。当 M_{V-C} 为单位阵，$L_{VCP}(i, i+1) = 1, i \in \lfloor 1, |V| \rfloor$ 则称该 VCP 为企业价值共创体系的基本价值流转程序链。

（2）单元能力到系统能力的映射。

E_{C-K} 表示单元能力 C 到系统能力 K 之间存在一条边，即单元能力 C 向上聚合为系统能力 K。设 t 时刻，影响系统能力 K_{ij} 的单元能力 C_{ij} 共有 N 个，权重为 δ_{ij} 时，则单元能力到系统能力的关联关系可表示为：

$$T_i = \phi(C_{i1}, C_{i2}, \cdots, C_{in}; \delta_{i1}, \delta_{i2}, \cdots, \delta_{in}) \tag{5.2}$$

（3）系统能力到体系能力的映射。

E_{K-S} 表示系统能力到体系能力存在一条边，表示系统能力 K 向上聚合为体系能力 S。设 t 时刻，影响体系能力 S_i 的系统能力 K_{ij} 共有 N 个，权重为 β_{ij} 时，则系统能力到体系能力的关联关系可表示为：

$$D_i = \phi(K_{i1}, K_{i2}, \cdots, K_{in}; \beta_{i1}, \beta_{i2}, \cdots, \beta_{in}) \tag{5.3}$$

单元能力到系统能力的边，系统能力到体系能力的边都描述的是下一层能力聚合成上层能力的作用关系，都遵循两个原则：加合原则和乘积原则。

①加合原则：表示功能层下层能力按一定权重以合作互补的方式组合到上层能力中，下层能力之间不存在相互作用关系。任意下层能力变化都会引发上层能力发生线性变化，系统能力可描述为：

$$K_i^t = \sum_{j=1}^n C_{ij}^t \cdot \delta_{ij} \tag{5.4}$$

体系能力可描述为：

$$S_i^t = \sum_{j=1}^n K_{ij}^t \cdot \beta_{ij} \tag{5.5}$$

②乘积原则：适用于下层能力相互间存在相互作用关系，并且对上层能力都起一定作用，任何一种下层能力的缺失都会导致上层能力为零。系统能力可描述为：

$$K_i^t = \prod_{j=1}^n (C_{ij}^t)^{\delta_{ij}} \tag{5.6}$$

体系能力可描述为：

$$S_i^t = \prod_{j=1}^n (K_{ij}^t)^{\beta_{ij}} \tag{5.7}$$

5.1.3.4 实体层与功能层之间的关系

制造企业价值共创体系能力涌现建模分析的基础是两层四网之间的关联关系，所以，厘清各网络之间的关系对于制造企业价值共创体系基于涌现机理建模具有重要的意义。实体层 GV 是制造企业价值共创体系功能层的基础和来源，功能层是价值创造单元能力、系统能力、体系能力共三种层次能力的体现。实体层结构的变化将导致功能层每一层的结构和功能发生变化，并最终反映为制造企业价值共创体系能力的重塑。制造企业价值共创体系超网络结构如前文图 5.2 所示。此时，制造企业价值共创体系和外部环境也达到了相对稳定有序的平衡状态。在这个过程中，通常只是价值创造能力在形态、结构、属性等方面的创新，而不是底层单元能力的改变。

5.1.4 制造企业价值共创体系的价值创造能力涌现模型

制造企业价值共创体系首先通过单元层内的价值流转程序相依关系、单元层与单元功能层之间二元投影关系、功能层之间聚合关系共同作用。然后通过价值创造单元之间的局域非线性作用、价值共创体系与企业环境之间的耦合交互作用，经多次演化，单元能力逐渐聚合形成系统能力，进而涌现形成体系能力。虽然整个系统一直处于动态变化过程，但是，存在于体系运行机制中的相对稳定的关系和模式决定了最终演化结果的可预测性[41]。制造企业价值共创体系超网络模型有效地刻画了企业价值共创体系的能力来源及其涌现过程，基于制造企业价值共创体系超网络模型分析制造企业价值共创体系价值创造能力的涌现机理可通过两个步骤完成：首先，分析制造企业价值共创体系价值创造单元能力的影响因素；其次，分析制造企业价值共创体系单元能力演化和体系能力涌现。

5.1.4.1 价值创造单元能力的影响因素模型

制造企业价值共创体系是由众多关系错综复杂的节点构成的复杂大系统，它在持续的与外界环境互动的过程中，有很多的因素影响其价值创造能力的演化与涌现。制造企业在组成了价值共创体系之后，自身会随着体系的发展向更适应环境的方向进化；在价值共创体系中每一个价值创造单元都时刻与体系内其他节点保持正式或非正式的关系；体系同时也不断地与内外环境进行互动。所以，可以从以上四个方面分析制造企业价值共创体系单元能力的影响因素。本章在众多学者对单元能力影响因素的研究文献的收集、分析和整理的基础上，进行提炼、归纳、分析，并通过专家咨询，结合小群体技术，将单元能力的影响因素归纳为四类：价值创造单元自身影响作用、价值创造单元相互影响作用、价值共创体系内环境影响作用、价值共创体系外环境影响作用，如表5.1所示。

表 5.1 单元能力的影响因素

影响因素种类	影响因素	因素描述	来源
价值创造单元自身影响作用	主体能力	只有每个价值创造单元都具备一定的核心能力和资源，才能形成体系的价值创造能力	阮平南等[141]、林润辉[25]
	成员的投入程度	体系中每个价值创造单元只有愿意为体系投入，相互协作，才能形成体系的能力	
价值创造单元相互影响作用	沟通	只有彼此的沟通才能相互协作，增加信任，沟通的程度也反映了各个单元之间进行体系资源共享的能力和意愿	王玉梅等[142]、李维安[143]
	信任	只有彼此的信任才能愿意与对方分享自己的资源和能力	王玉梅等[142]、李维安[143]、宋晶、孙永磊[144]
	相互学习	只有体系内成员相互学习，才能积累知识，形成体系的价值创造能力	王玉梅等[142]、李维安[143]、宋晶、孙永磊[144]
	合作	体系内的单元之间为达成共同目的、彼此相互配合的一种联合行动、方式。合作是体系能力相互协同形成价值创造能力的基石	李维安[143]、阮平南等[141]
体系内环境影响作用	资源共享	体系内成员通过分享体系内的资源，形成更多的知识，为体系的价值创造能力的形成提供必要的资源	阮平南等[141]、李维安[143]
	体系文化	体系的发展首先要基于体系内成员一致的价值观和发展理念，只有共同的理念才能形成成员之间真正的协作	李维安[143]、林润辉[25]
	利益分配机制	体系的成员关系的稳定需要公平合理的利益分配机制	李维安[143]、赵春明[27]
	考评与激励机制	体系的价值创造目标需要和体系的价值创造过程联系起来，以过程的考核指标代替结果的考核指标对体系的价值创造能力生成更合适	李维安[143]、阮平南等[141]

影响因素种类	影响因素	因素描述	来源
体系外环境 影响作用	市场环境	体系寻求价值共创的动力是市场竞争的强度、客户需求的变化和技术更新的快慢	张海涛等[145]、赵春明[27]
	资金支持	资金可以转化成各种体系所需要的资源，是体系能够得以发展的基础条件	王玉梅等[142]、李维安[143]
	政策扶持	多个单元进行价值共创需要国家战略发展方针的支持和保障	王玉梅等[142]、赵春明[27]

（1）价值创造单元自身影响作用主要选择主体能力和成员的投入程度。企业价值共创体系中价值创造单元的主体能力包括主体独特的核心能力、创新能力、资源存储能力、学习能力等。每个价值创造单元的个体能力各有不同，体系价值创造的过程就是体系成员之间实现优势互补的过程。成员整体的能力越强、体系所拥有的资源和能力水平就越好。成员之间能力水平相差越悬殊，沟通障碍越多、合作意愿越少。成员之间能力越互补，体系的整体能力越强。因为竞争与合作并存于企业价值共创体系成员之间的关系之中，所以，价值创造单元是否愿意对体系进行投入以及投入程度是企业价值共创体系进行价值创造的前提和基础。

（2）价值创造单元相互影响作用主要选取信任、沟通、相互学习、合作四个影响因素。众多学者研究了信任对组织的影响机理。信任是体系成员之间保持长期合作的桥梁，可以增加体系内成员之间的感情，使成员更愿意投入其资源和能力，促进体系价值创造能力的形成。沟通是企业价值共创体系建立和成员之间建立联系的基础。有效的沟通不仅促进了体系成员之间的相互信任，而且会促进成员之间对体系的价值创造理念达成共识，促进体系能力的增长。体系内成员的自我学习和相互学习增加体系的知识总量，知识是体系价值创造能力产生的根本动因，体系能力增长的本质是体系知识量的增加。合作是体系各成员能够进行价值创造的基础，合作可以化解体系内的冲突和矛盾，保持体系成员之间协同意愿有利于体系能力的形成和发展。

（3）企业价值共创体系内环境的影响主要是通过对每个价值创造单元的心理安全和公平感产生影响，主要包括资源共享、体系文化、利益分配机制、考评与激励机制。体系成员通过资源共享弥补单个成员知识、能力的不足，并通过能力资源互补形成体系发展的全部能力组合。体系文化是体系内的价值创造理念、体系创新氛围和隐性规则的体现。体系文化具有非强制性特征，但是其对价值创造单元会产生深远的积极影响，文化的认同会加深体系成员之间的认同和协作，强化体系成员共同遵守体系规则，形成体系共同认可的价值创造目标、价值观和创新合作精神。体系成员之间愿意协作的根本原因是体系可以通过资源优势互补产生高水平的价值创造能力。博弈论认为，在重复的博弈中，主体更愿意选择合作行为追求体系整体利益最大化，这样每个体系成员都有机会获得比独立运行更多的利益，从而实现帕累托改进。因此体系利益的多少决定了体系成员协作的深度和广度。利益分配的公平性是体系运行的关键问题。体系的考评与激励机制是保证体系目标与结果一致性的重要手段，是确保体系目标达成必要的网络治理机制。

（4）制造企业价值共创体系外环境的影响主要包括制度因素和环境因素，本章选取市场环境、资金支持和政策扶持。技术的进步、顾客需求的变化、市场竞争的增强能够使体系的价值创造能力增强。此外，资金和政府政策也有利于体系价值创造能力的增强。

下面分别对每一类价值创造单元的影响因素模型加以分析。

1）价值创造单元自身影响作用。每个价值创造单元都是一个独立功能的价值创造模块，具备一定的价值创造功能，并明确自己在体系中的价值创造目标，通过提高自身核心能力并对体系投入更多的资源和生产要素等自身作用，提高价值创造能力。t 时刻，ρ_{it} 为自身影响作用（以下简称自作用）对单元能力 V_i 的综合影响因子，仅考虑价值创造单元自作用的影响，则有：

$$\frac{dc_{it}}{dt} = 1 + \rho_{it} \tag{5.8}$$

2）价值创造单元相互作用。价值创造单元之间通过沟通交流、相互学习、信任与合作等形式的非线性相互作用能提高体系的整体知识水平和关系价值，有利于在更高层次上涌现出整体性功能。价值创造单元相互作用程度可表示为体系内知识的增长，由于价值共创体系的单元关系网络具有无标度网络特点，并且网络成员间的关系连接一般基于每个节点度值的大小即哪个节点关联节点越多，其他节点越愿意先与之进行交流。所以，本章选择具有无标度网络、度优先连接策略的知识网络的增长函数形式作为价值创造单元相互作用的函数形式[146]。其函数形式可表示为分段函数，第一阶段为爆发式增长，增长表现为指数函数特征；第二阶段，随着时间的推移，知识网络的总知识量相对饱和，变为缓慢式增长，不再具有指数函数特征。在本章中因为演化时间的选择较短，仅选择第一阶段知识网络演化函数来表示企业价值创造单元相互作用，所以，价值创造单元相互作用的影响因子为 $(\sigma_{it})^t$，仅考虑价值创造单元相互作用影响，则有：

$$\frac{dc_{it}}{dt} = 1 + (\sigma_{it})^t \ln \sigma_{it} \tag{5.9}$$

3）企业价值共创体系内环境影响。制造企业价值共创体系中的实体单元，通过资源共享、网络文化、利益分配机制、考评与激励机制等网络治理机制众多体系内环境的影响作用提高自身价值创造能力。t 时刻，体系环境对所属单元 V_i 的单元能力的综合影响因子为 ψ_{it}，仅考虑体系内环境作用的影响，则：

$$\frac{dc_{it}}{dt} = 1 + \psi_{it} \tag{5.10}$$

4）企业价值共创体系外环境影响。制造企业价值共创体系存在于外部的宏观商业生态系统环境中，受到外界政策制度、金融环境、客户需求、技术进步等有利或不利因素的影响，通过体系与外部环境发生的能量交互，影响价值创造单元的能力发挥。另外，还通过体系内外因素的耦合作用，使企业价值共创体系涌现出体系的价值创造能力。t 时刻，外部环境的综合影响因子为 λ_{it}，则仅考虑体系外环境的影响，可得：

$$\frac{dc_{it}}{dt} = 1 + \lambda_{it} \tag{5.11}$$

5.1.4.2　单元能力演化模型

企业价值共创体系单元能力的演化是四类影响因素的函数，每个影响因素均随时间变化。设 μ_i^1、μ_i^2、μ_i^3、μ_i^4 分别为实体单元自身作用、单元相互作用、体系内环境影响作用和体系外商业生态系统环境影响作用的权重，满足 $\sum_{r=1}^{4} \mu_i^r = 1$。得到 t 时刻价值创造单元 V_i 的单元能力演化模型为：

$$\frac{dc_{it}}{dt} = 1 + \mu_i^1 \cdot \rho_{it} + \mu_i^2 \cdot (\sigma_{it})^t \ln\sigma_{it} + \mu_i^3 \cdot \psi_{it} + \mu_i^4 \cdot \lambda_{it} \quad (5.12)$$

单元能力的关联关系通过聚合作用形成系统能力关联关系和体系能力关联关系，所以，分析企业价值共创体系的涌现可以从分析单元能力关联关系为基础直接得出体系能力的涌现模型。

5.1.4.3　体系能力涌现模型

因为每次价值创造行动都依据客户特定需求而组织特定的价值创造单元进行生产，所以基于不同的价值创造目标，每一次价值创造过程都需要按照特定的价值流转程序确定参与者，再根据参与者所具有的能力属性，确定涌现为体系能力的单元能力范围。

单元能力的确定需要结合两种能力来考虑，一种是同质单元能力，它们之间是平等、互补关系，不会产生体系的涌现现象，同质单元能力的组合效果是进一步强化同质价值创造能力。

设在价值流转程序链中，有 k 个价值创造单元共同具有相同的某个单元能力 C_i，在 t 时刻，则有：

$$C_{it} = \sum_{j=1}^{k} C_{it-jt} \quad (5.13)$$

另一种是异质单元能力，异质单元能力的聚合作用产生涌现现象。根据价值流转程序链，得出影响体系能力 S 且存在价值创造流程相依关系的单元能力 C_i 共有 m 个，权重为 δ_i。δ_i 只与企业价值共创体系结构特性相关，并且是不随时间变化的固定值。在 t 时刻，体系能力 S^t 的涌现模型为：

$$S^t = \prod_{i=1}^{m} [C_i^t]^{\delta_i} \quad (5.14)$$

基于以上两种能力的分析，制造企业价值共创体系能力涌现模型为：

$$S^t = \prod_{i=1}^{m} \left[\sum_{j=1}^{i_k} C_{i-j}^t \right]^{\delta_i} \qquad (5.15)$$

其中，i 为具有相同单元能力 C_j 的价值创造单元数量。

5.2　制造企业价值共创体系的价值创造能力涌现过程仿真分析

以基于信息系统的我国某制造企业价值共创体系的价值创造过程（Value Creation Behavior，VCB）为例进行价值创造能力涌现分析。由于体系内的价值创造单元包括全社会领域所有参与价值创造的单元，数量众多，本章为简明地说明情况，以一类功能的价值创造单元作为一个节点表示，共设计 35 个价值创造单元。A1～A4 为控制单元，A5～A13 为情报单元，A14～A35 为生产单元。A1：一、二级经理团队。A2：企业中层领导团队。A3：企业外部协调者。A4：中层领导者下的企业管理人员团队。A5：企业外部合作营销公司。A6：董事会战略委员会。A7：咨询公司等主要提供公司战略情报的部门。A8：企业内部情报单元，包括企业控制的市场部、营销部、企业员工等情报来源者。A9～A10：企业外提供商业情报资源信息者，包括政府、合作生产者、竞争者等。A11～A13：企业外战略联盟合作生产者、客户、中介机构等企业外重要资源信息情报来源者。A14：企业财务部门。A15～A24：企业内为企业提供生产或服务的模块，包括十个生产单位或部门。A25～A35：企业外为企业提供实际生产的模块、实体或单元。

5.2.1 某制造企业价值共创体系级价值创造能力涌现模型及参数设置

5.2.1.1 VCB 价值流传程序链

某制造企业某次价值创造任务的流程为：

第一步，A1 经股东大会批准，将董事会通过的年度生产方案细分为特定的价值创造任务，向 A6~A9、A13 传递反映客户需求的价值创造情报资源信息需求。

第二步，A6、A7 汇总整理以前年度的经营情况及客户情况、情报资源信息进行价值识别并提出价值主张，设计商业模式并上报。A8、A9、A13 按照企业经营要求收集各种商业生态系统资源信息和企业竞争者情况等资源信息进行回传，A13 以企业经营过程中对客户及生产的反馈意见将影响企业生产的各种情报回传。

第三步，A1 汇总分析多源生产情报资源信息，制订生产计划实施总体目标方案、制定生产总的规章制度、协调各部门关系、配置资源等，并作为指挥资源信息下达给 A2，A2 将企业生产方案细化为适合生产实体单元行动的实施计划、任务部署、协同规定，搜索和配置网络资源，协调控制各种生产关系等下放给 A4。

第四步，A4 根据生产情况，协调网络各实体的关系，优化调整计划方案配置所需资源控制网络生产，并向 A8、A9、A13 下达商业情报侦察指令，按客户和生产需求探测外部商业生态系统情况。

第五步，A8、A9、A13 探测外部商业情报，将市场、客户、行业情况等重要信息回传至 A1、A2、A4 和 A6、A7。

第六步，A4 指挥 A16~A23、A28~A31 进行产品生产和服务提供，并将生产情况及时回复，指挥 A14 进行价值分配；A1 根据企业经营情况对生产经营及时作出调整或停止生产转向其他产品生产等指令，并下达给 A2、A4。

第七步，A2 根据指示，及时调整、制定生产方案，配置生产资源；A4 根据指令，对生产活动做进一步调整。A1、A2 在最终完成价值创造任务后进行绩效考核。

按照以上价值创造流程，可得 VCB 价值流转程序链如图 5.3 所示，可表示为：

$$VCP_{VCB} = \{A6-A9, A13\} \rightarrow \{A1, A2, A4\} \rightarrow \{A14, A16-A23, A28-A31\}$$

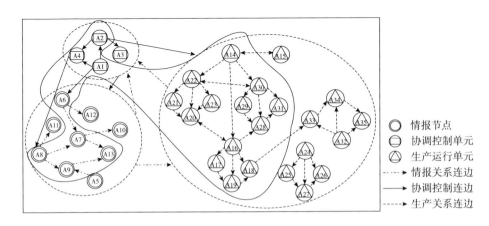

图 5.3　企业价值流传程序链

5.2.1.2　VCB 单元–能力映射矩阵

VCB 体系能力 S 由价值情报探测及分析系统能力 CI、协调控制系统能力 CC、协同生产系统能力 CM 构成。其中，价值情报探测及分析系统能力 CI 包括商业情报感知能力 CTI、顾客价值主张识别能力 CAI、价值创造模式设计能力 CRI；协调控制系统能力 CC 包括指挥决策能力 CCC、生产网络控制能力 CWC、资源配置能力 CIC、绩效考核能力 CDC；协同生产系统能力 CM 包括快速反应能力 CRM、精确生产能力 CSM、价值分配能力 CDM。以 VCP_{VCB} 为基础，结合价值创造单元功能属性，可得单元–能力映射矩阵及能力初值如表 5.2 所示。

表 5.2　VCP$_{VCB}$单元–能力映射矩阵及能力初值

编号	能力	初值	编号	能力	初值	编号	能力	初值
A1	CCC	0.7	A6~A7	CRI	1.2	A14	CDM	1
	CIC	0.8		CAI	0.4			
	CDC	0.8		CTI	0.5			
A2	CCC	0.6	A8~A9	CAI	0.3	A16~A23	CRM	0.5
	CIC	0.7						
	CDC	0.7		CTI	0.4		CSM	0.8
A4	CCC	0.5	A13	CAI	0.3	A28~A31	CRM	0.7
	CIC	0.9						
	CWC	0.6		CTI	0.4		CSM	0.7

5.2.1.3　VCB 体系能力涌现模型

（1）单元能力组合。VCP$_{VCB}$由 22 个价值创造单元构成，其对应的单元能力按价值流转过程形成价值创造相依关系，共同构成 VCB 体系能力涌现的基本能力单元。在 t 时刻，有：

$$C_T^{It} = \sum_{i=8}^{9} C_{T-i}^{It} + C_{T-13}^{It} + \sum_{i=6}^{7} C_{T-i}^{It}, \; C_A^{It} = \sum_{i=8}^{9} C_{A-i}^{It} + C_{A-13}^{It} + \sum_{i=6}^{7} C_{A-i}^{It},$$

$$C_R^{It} = \sum_{i=6}^{7} C_{R-i}^{It}, \; C_C^{Ct} = \sum_{i=1}^{2} C_{C-i}^{Ct} + C_{C-4}^{Ct}, \; C_I^{Ct} = \sum_{i=1}^{2} C_{I-i}^{Ct} + C_{I-4}^{Ct},$$

$$C_D^{Ct} = \sum_{i=1}^{2} C_{D-i}^{Ct}, \; C_W^{Ct} = C_{W-4}^{Ct}, \; C_R^{Mt} = \sum_{i=16}^{23} C_{R-i}^{Mt} + \sum_{j=28}^{31} C_{R-j}^{Mt},$$

$$C_S^{Mt} = \sum_{i=16}^{23} C_{S-i}^{Mt} + \sum_{j=28}^{31} C_{S-j}^{Mt}, \; C_D^{Mt} = C_{D-14}^{Mt}$$

其中，每个价值创造单元的能力值都是根据单元能力演化模型确定的，i、j 均表示价值创造单元编号。

（2）体系能力聚合。VCP$_{VCB}$聚集全部类型的单元能力经过非线性作用共同涌现出 VCB 体系能力。在 t 时刻，有：

$$S^t = (C_A^{It})^{\delta_A^I} \cdot (C_T^{It})^{\delta_T^I} \cdot (C_R^{It})^{\delta_R^I} \cdot (C_D^{Ct})^{\delta_D^C} \cdot (C_C^{Ct})^{\delta_C^C} \cdot (C_W^{Ct})^{\delta_W^C} \cdot$$

$$(C_I^{Ct})^{\delta_I^C} \cdot (C_R^{Mt})^{\delta_R^M} \cdot (C_S^{Mt})^{\delta_S^M} \cdot (C_D^{Mt})^{\delta_D^M}$$

其中 δ_A^I，δ_T^I，$\cdots$，δ_D^M 为单元能力对体系能力的权重。

5.2.2 单元级价值创造能力演化仿真分析

5.2.2.1 单元能力影响因素参数设置

假设在演化过程中，单位时间的各种影响因子和权重均保持不变。本章依据单元能力演化模型，计算 VCP_{VCB} 中每个价值创造单元的单元能力值，然后根据单元能力组合关系推导出每种单元能力的演化结果。由于 VCP_{VCB} 包含大量的价值创造单元和单元能力属性，本章列出了每种单元能力初始时刻的仿真参数设置，全部初始值均由计算机系统随机生成，如表 5.3 所示。

表 5.3 初始仿真参数设置

单元能力	ρ_{it}	σ_{it}	ψ_{it}	λ_{it}	μ_i^1	μ_i^2	μ_i^3	μ_i^4
CAI	0.004580	1.150000	0.766682	0.848709	0.3	0.3	0.2	0.2
CTI	0.516997	1.170000	0.143156	0.559371	0.2	0.4	0.2	0.2
CRI	0.839697	1.180000	0.532624	0.553887	0.1	0.5	0.1	0.3
CCC	0.585609	1.250000	0.762887	0.082963	0.4	0.4	0.1	0.1
CWC	0.938558	1.190000	0.590483	0.440635	0.3	0.2	0.3	0.2
CIC	0.916821	1.180000	0.986968	0.505133	0.3	0.2	0.3	0.2
CDC	0.661596	0.930000	0.516979	0.171048	0.3	0.2	0.3	0.2
CRM	0.941919	1.210000	0.655914	0.451946	0.3	0.2	0.2	0.3
CSM	0.680066	1.250000	0.367190	0.239291	0.3	0.2	0.2	0.3
CDM	0.271422	0.900000	0.100751	0.507849	0.2	0.3	0.3	0.2

5.2.2.2 单元能力演化分析结果

设置演化步长 $\Delta t = 1$，演化结束时刻 $t = 30$。单元能力随时间演化的变化趋势如图 5.4 所示。

单元之间相互作用为分段函数，本章仅选择第一段函数形式表示单元能力的数值，所以在 $t = 30$ 时刻，演化并未结束，所以仍未达到相对稳定状态。因为在第二段演化过程中，单元相互作用最终因知识量的饱和而趋于稳定，所以单元间相互作用关系保持在相对稳定状态。从演化方程函数趋势来看，演化最终趋于稳定状态。如图 5.4 显示，不同初值的各类单元能力均随演化时间的增加而逐渐增长。指挥决策能力 CCC 的增长速率最快，然后是精准生产能力 CSM、价值创造模式设计能力 CRI、快速反应能力 CRM、商业情报感知能力 CTI、具有较大初值的单元能力（如精准生产能力 CSM），在演化过程中增长的幅度也相对较大。而价值分配能力 CDM、绩效考核能力 CDC、客户价值主张识别能力 CAI 增长较缓慢，主要原因是这些能力在演化过程中，不同时刻外界环境对其能力的影响并不明显。对于客户价值主张识别能力 CAI，随着客户信息量的增大，企业能够识别更多的价值主张，但是能够匹配企业价值创造能力的价值主张已达到上限。价值分配能力 CDM 和绩效考核能力 CDC 与企业其他单元能力相比，重要程度小，所以能力初值都比较低，外界环境对其能力的影响幅度也不大，导致演化过程中能力增长缓慢。

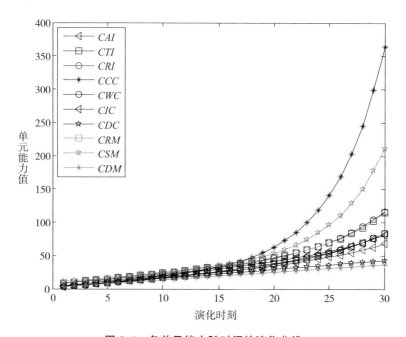

图 5.4　各单元能力随时间的演化曲线

5.2.3 体系级价值创造能力涌现仿真分析

体系能力涌现模型中单元能力的权重可体现单元能力涌现为体系能力的贡献程度，因此设计突出不同类别单元能力的权重方案，可用以识别对体系能力贡献度大的关键单元能力。本章设计如下权重方案，如表 5.4 所示。

表 5.4 单元能力权重设计方案

方案	*CAI*	*CTI*	*CRI*	*CCC*	*CWC*	*CIC*	*CDC*	*CRM*	*CSM*	*CDM*
A	0.15	0.15	0.15	0.10	0.05	0.05	0.10	0.10	0.05	0.10
B	0.05	0.10	0.05	0.15	0.15	0.15	0.15	0.05	0.10	0.05
C	0.10	0.05	0.10	0.10	0.10	0.05	0.05	0.15	0.15	0.15
D	0.05	0.05	0.15	0.15	0.05	0.15	0.05	0.15	0.15	0.05

方案 A 突出价值情报探测及分析系统中的单元能力，方案 B 突出协调控制系统中的单元能力，方案 C 突出协同生产系统中的单元能力，方案 D 突出演化过程中单元能力值较大者。四种权重设计方案的体系能力涌现仿真结果如图 5.5 所示。

由图 5.5 可知，在 A、B、C 三种侧重于某一类能力的权重方案所对应的体系能力涌现值中，方案 B 与方案 C 基本持平，且均高于方案 A，表明协同生产系统所属的单元能力和协调控制系统所属的单元能力对体系能力涌现的总体贡献度较大，价值情报探测及分析系统所属单元能力的总体贡献度较小。这与制造企业价值创造能力调研的实际调研数据相符。A、B、C、D 四种方案中，方案 D 的能力涌现值最高，这表明价值共创体系包含的若干重要能力分布于三类能力之中。通过进一步分析方案 D 的权重设置，可以确定其中权重较大的五种单元能力是影响体系能力涌现的关键单元能力。它们是价值创造模式设计能力 *CIR*、指挥决策能力 *CCC*、资源配置能力 *CIC*、快速反应能力 *CRM* 和精准生产能力 *CSM*，因此，可以针对性地改进

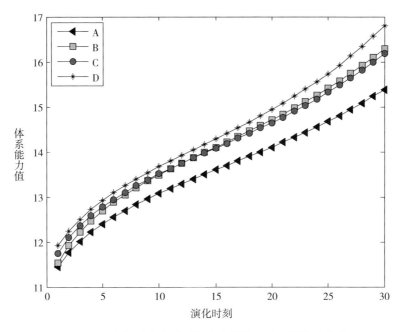

图 5.5 每个权重方案随时间变化的体系能力的演化曲线

上述五种单元能力以快速有效地提升 VCB 能力。

体系能力的涌现受体系结构和单元能力影响因素的影响。体系结构的影响分为体系节点变化对体系能力的影响和体系节点关系变化对体系能力的影响；单元能力影响因素对体系能力的影响分为四种：单元自作用对体系能力的影响、单元相互作用对体系能力的影响、体系内环境对体系能力的影响、体系外环境对体系能力的影响。下面对以上情况分别讨论。

5.2.3.1 体系结构改变对体系能力的影响

（1）体系节点变化对体系能力的影响。通过制造企业价值共创体系超网络模型，将体系的结构与各层级能力融合在一起进行分析，可以发现，某个价值创造单元可以具有多项单元能力，而同一种单元能力来自多个价值创造单元，体系通过不同的结构设计，进而影响体系的单元的价值创造能力，单元级价值创造能力通过多次演化和涌现而形成体系级价值创造能力。为了比较不同的体系结构对体系级价值创造能力的影响，假设在仿真案例的基础上，将体系的结构进行改变。例如，将仿真制造企业价值共创体系的情报获取、处理节点中的中介机构 A13 取消，调整 A6 董事会战略委员会和 A7 咨询公司这些节点（主要提供公司战略情报的部门）的能力值。将 A13 移除体系，即 A13 的 *CTI* 能力设计初值为 0，将 A6、A7 的 *CTI* 能力设计初值各降低 0.2。其他设置均不变，单元能力的演化曲线和体系能力的演化曲线如图 5.6 和图 5.7 所示。

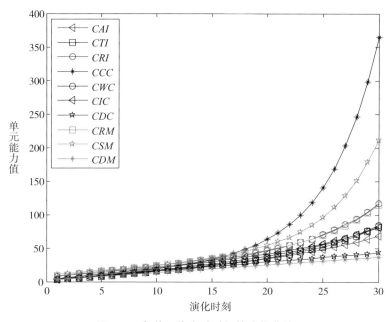

图 5.6　各单元能力随时间的演化曲线

　　图 5.6 显示了新的体系结构设计下，单元能力的演化曲线。通过图 5.6 与图 5.4 的对比显示，新的结构设计下，*CTI* 曲线在演化时刻 25 以后略低于结构改变之前。四种不同的权重方案设计的体系能力演化曲线均略低于原结构设计下的演化曲线。通过图 5.7 可以明显地看出新结构设计在 A 方案下，体系能力演化值在 0～4 时刻略低于原值，在 10 时刻以后，曲线重合，其他三种方案下，整个体系能力演化值均略小于初始设计结构的水平。为了更明显地看出两种方案设计下体系能力的演化曲线区别，截取 0～15 时刻体系能力演化曲线放大为图 5.8。

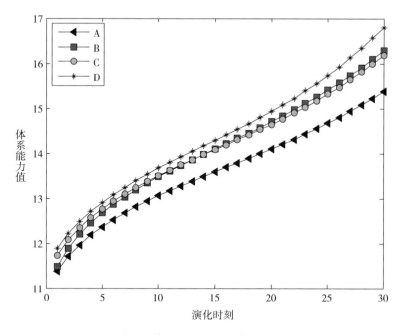

图 5.7　两种不同体系结构设计下体系能力的演化曲线

仿真结果说明，案例中的制造企业价值共创体系节点 A13、A6、A7 发生变化后，即体系的结构发生改变时，由于节点所对应的单元能力的下降，导致体系能力在涌现过程中能力值的下降。由于 A13、A6、A7 在体系中的情报感知能力 CTI 的下降导致了体系整体能力的下降，虽然在新的体系结构中仍保留了部分情报感知能力 CTI 所在的节点，但是整体体系能力仍旧有轻微的下降，此研究结论不仅证实了体系中情报感知能力 CTI 对体系能力的作用，更显示了体系结构的改变影响体系的价值创造能力。

此种情况也对应于现实中单元能力的降低或单元对体系投入的减少，即单元自作用中的两个影响因素对体系价值创造能力的影响。导致体系能力下降的主要原因是当节点缺失或能力下降时，节点之间的联系也会降低，进而阻碍了不同单元能力之间的相互作用，影响了体系能力的涌现。因此，当单元能力减少时，体系所需的能力要素不足，进而影响体系的价值创造能力的发展。同样，单元愿意投入到体系的能力减少也会使体系整体能力

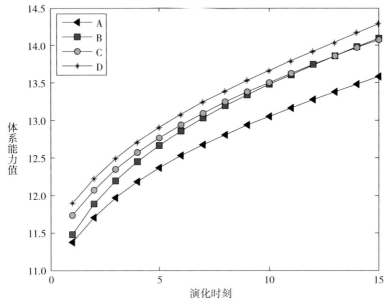

图 5.8　两种不同体系结构设计下体系能力的演化曲线（截取 0~15 时刻）

下降。所以，体系能力涌现的基础首先是这些具有创造性的价值创造单元；其次，体系能力的形成需要体系具有一定的规模，体系的规模不仅体现在节点数量上的多少，更体现在节点质的程度，只有节点具备一定的价值创造能力所需的知识，节点的聚合才会涌现出体系整体的价值创造能力。表现在体系中的节点，首先要能够在企业价值共创体系的情报探测及分析系统中收集相关的情报，并融合分析情报提出价值创造模式的设计方案；其次，在协调控制系统中指挥控制、配置资源，最后在协同生产系统中敏捷反应，精准生产出顾客满意的产品。

（2）单元关系的改变对体系能力的影响。在不改变其他演化仿真模型参数设计的基础上，将一级经理 A1、中层领导者 A4 的关联关系值下调，可以对应于现实中，信任的降低、学习的下降、沟通与合作的不畅。例如，两个层级的经理沟通不畅、缺乏一致的价值创造理念，对价值创造的整个流程设计或安排意见不统一等。表现在体系初始参数设计中将 σ_{it} 的初始设计值的指挥决策能力 CCC 和资源配置能力 CIC 下调 0.4 和 0.5，其他参数设置均未改变，单元能力和体系能力随时间演化的曲线如图 5.9 和图 5.10 所示。在图 5.10 中，体系初始状态的演化曲线仍沿用图 5.4，新的体系能力的演化曲线形式为不带标识的光滑曲线。

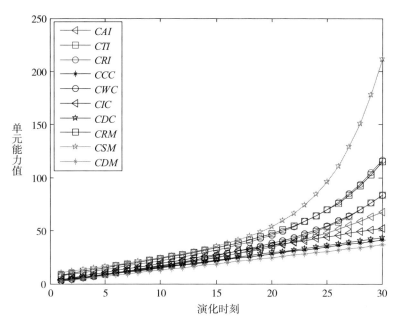

图 5.9　各单元能力随时间的演化曲线

通过图 5.9 与图 5.4 的比较，指挥决策能力 CCC 和资源配置能力 CIC 的演化曲线的值略低。但是图 5.10 中显示，在新的节点关系设计下体系能力值显著下降。在初始 0~10 时刻，新关系设计下的体系能力值略低，但是在时刻 10 之后，体系能力值下降显著，但是曲线形态未发生改变。随着时间的推移，节点之间的关系的疏远将对体系能力产生深远影响，这种影响会随着体系能力的演化而加深。在现实中，对应信任、合作、相互学习、沟通等不利影响因素对体系能力的影响。例如，价值共创体系内各经理层无法很好地沟通，将导致意见分歧，对体系的价值创造能力产生的影响也会逐渐显现。

因此，制造企业价值共创体系能力受单元关系的影响作用可总结为三个方面：首先，单元关系加快了体系知识流、物质流、能量流等的流动，

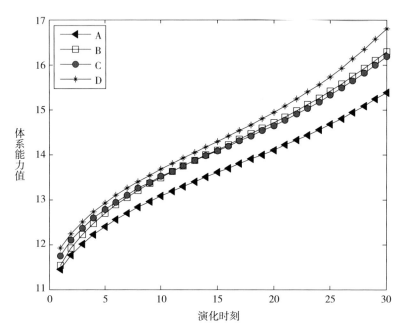

图 5.10　两种不同体系结构设计下体系能力的演化曲线

使体系资源在体系内部的网络中富集，为体系涌现提供支持。其次，单元关系的紧密连接使单元之间优势互补、相互学习，为体系获取大量资源拓展了途径。最后，单元关系的长期稳定，使体系的经营风险和交易成本降低，继而提高了体系的发展效率。

　　通过设计节点变化和节点关系变化两种不同方案，仿真分析两种方案下单元能力和体系能力的演化结果，揭示了体系结构的改变会影响体系整体的价值创造能力，两种体系结构的不同要素对体系能力的影响程度和影响方式存在显著差异。对应现实中，可能原因是节点的变化对体系结构产生的影响通常不会持续时间过长，体系可以通过增加节点功能或替补新的节点对结构进行完善，而体系内节点之间的关系要通过长久的磨合才能建立起来，同时节点之间的关系也存在一定的不稳定性，节点关系的优劣不仅与节点自身有关，而且与体系内环境等其他要素均存在着复杂的关系。因此，节点和节点关系对体系价值创造能力的影响机理存在本质的差别。

对于制造企业而言，即使不同企业拥有同样的体系成员，也会因为组织或管理形式的不同而涌现出不同的价值创造能力。同样的资源配置也会因资源组合方式不同而产生不同的价值创造能力。企业价值共创体系在不断发展中，市场环境和顾客需求在不断变化，要求有新的体系结构来适应环境的变化和体系价值创造功能的需求。

改变体系结构中单元的性能或链接方式会对体系能力产生影响。通过分析体系中节点的单元能力的大小、单元能力的演化过程、体系能力的涌现过程，可以找到体系能力的来源，并且得到体系能力效果与价值创造单元结构的关联关系，据此优化体系结构，提升体系能力。

综上所述，体系的节点按照体系的结构方式，相互作用而形成相干效应。体系中节点的多样性和差异性是价值创造能力的源泉。节点之间不同的连接方式或不同的相互制约方式都将会产生不同的价值创造能力。涌现是整体大于部分之和，是具有耦合性的关联关系的相互作用的结果，是体系中节点之间相互作用的结构。因此，节点通过相互作用后产生的整体行为具有复杂性和非线性特征。

体系中各节点通过相互之间的非线性作用形成体系的结构，节点之间的关系只有协同发展才能演化出体系各级系统所需的价值创造功能，实现体系的涌现。体系需要实现不同价值创造功能的节点，体系的价值创造目标改变时，需要新的节点和节点关系，从而满足体系价值创造功能的需要。因此，体系结构合理才能使节点之间通过相互协同产生涌现。制造企业可以通过不断改进体系结构产生体系的整体涌现，即形成体系的价值创造能力。从体系结构的视角看，节点关系在企业价值共创体系涌现过程中起决定性作用。

5.2.3.2　单元能力影响因素对体系能力的影响

体系中单元能力的影响因素一共有四种：单元自身影响作用、单元相互影响作用、体系内环境影响作用、体系外环境影响作用。单元自身影响作用可以通过降低或升高某个或某几个价值创造单元的单元能力值进行仿真，通过体系结构变化中的仿真案例已经说明了体系单元能力改变对体系能力的影响。下面分别分析其他几种影响因素对体系能力涌现的影响。

（1）单元相互作用对体系能力的影响。假设体系内单元相互作用这个影响单元能力的因素发生改变，在不改变其他演化仿真模型参数设计的基础上将模型中相互关系系数 σ_{it} 的初始值增加 0.1。相互关系系数 σ_{it} 是单元相互影响的影响因子。将其调整为对应现实情况可解释为体系节点之间增强了联系，通过相互学习，不仅相互信任，而且形成了共同的价值创造理念等。此种相互关系设计下，单元能力的仿真结果如图 5.11 所示，体系能力演化的仿真结果如图 5.12 所示。在图 5.12 中，体系初始状态的演化仿真曲线仍沿用图 5.4，新的体系能力的演化曲线形式为不带标识的光滑曲线。

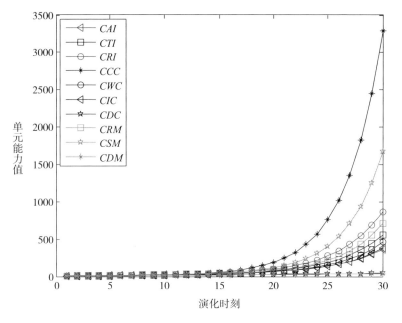

图 5.11　各单元能力随时间的演化曲线

由图 5.11 可知，体系在单元相互作用增加时，各种单元能力的值也在演化过程中显著增长，但是增长的幅度有所区别。由图 5.12 可知，体系能力在新的单元关系设计下，数值显著上涨，尤其在时刻 10 以后，体系能力演化曲线的上涨趋势由缓慢上涨转为快速上涨。这说明单元相互关系对体系能力的涌现起着至关重要的作用，通过曲线形态的改变能够说明，体系能力的增长态势发生了根本的变化。揭示了在现实情况中，体系能力可能会因为在演化过程中单元关系的改变使涌现过程呈现出程度不同的发展趋势，涌现出的差距值显示出巨大的价值创造能力。

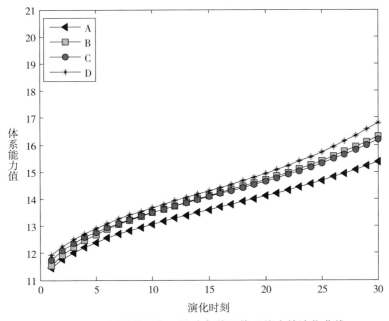

图 5.12　不同的单元相互影响条件下体系能力的演化曲线

（2）体系内环境对体系能力的影响。假设体系内环境发生改变，在不改变其他演化仿真模型参数设计的基础上，将模型中体系内部环境综合影响因子 ψ_{it} 初始值中增加 0~5 的随机变量。此调整对应现实情况可解释为体系内环境改善，但是环境变化具有不稳定性。例如，体系内部的文化更融洽，体系内资源共享程度加深，体系的利益分配机制和考评与激励机制更有利于体系的发展等。此种假设情况下，单元能力演化的仿真结果如图 5.13 所示，体系能力演化的仿真结果如图 5.14 所示。在图 5.14 中，体系初始状态的演化曲线仍沿用图 5.4，新的体系能力的演化曲线形式为不带标识的光滑曲线。

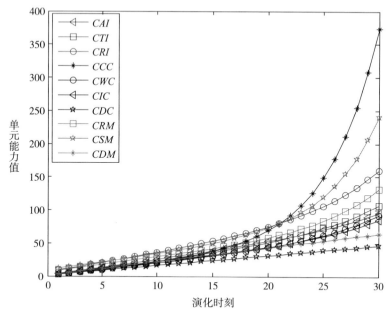

图 5.13　各单元能力随时间的演化曲线

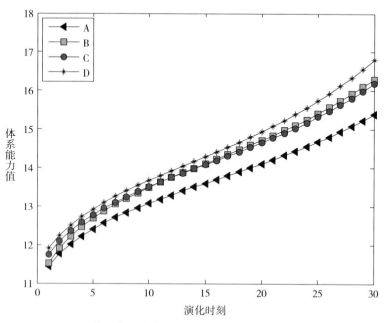

图 5.14　体系内环境参数设置变化下体系能力的演化曲线

由图 5.13 可知，在体系内环境不确定性改善时，各种单元能力的值也在演化过程中增长，但是增长的幅度有所区别，这说明体系内环境的变化对每一种单元能力的影响程度不同。由图 5.14 可知，体系能力在新体系内环境参数设计下，数值显著上涨，而且体系能力是从 0 时刻开始就有显著的提升，这种情况就与单元相互关系提升情况下体系能力演化曲线的上涨趋势不同，单元关系提升时体系能力由缓慢上涨转为快速上涨，而体系内环境改善时，体系能力从一开始就有明显的上涨，这说明两种不同影响因素对体系能力的作用机理有所不同。

图 5.14 说明体系内环境对体系能力的形成起着至关重要的作用，体系内部环境持续有利会提升体系能力。例如，资源共享情况更好、体系文化更和谐、利益分配机制更完善、考评与激励机制更合理等。

（3）体系内环境与单元两个因素相互作用，共同对体系能力产生影响。本章设计的体系能力的涌现模型是在没有考虑影响因素之间的相互关系的情况下，主要原因是各种影响因素的复杂关系情况多样，缺乏定量研究的基础条件，难以很好地用精确的数学语言加以表达。为了分析影响因素之间的相互关系，本章假设一种内部环境影响了体系单元相互作用的情况，在此种情况下，体系由于所在的内部环境发生变化，例如体系治理机制发生改变，从而引起了体系成员之间的关系朝着两种不同的趋势发展，一种为成员之间的关系更紧密，另一种为成员之间的关系更疏远（此种情况概率更大）。在此种假设条件下，涌现模型其他参数不变，体系内环境影响系数 ψ_{it} 调减 0.1，考虑体系内环境对单元相互作用的影响，将相互关系系数 σ_{it} 中加入 $-0.5\sim0.1$ 的随机变量，单元能力演化和体系能力演化的仿真结果如图 5.15 和图 5.16 所示。

通过图 5.15 可知，体系内环境改变引起单元关系存在不确定变化条件下（不利因素占主导地位时），单元能力演化值呈现出不同的发展趋势，总体上说单元能力在下降，但是，每一种单元能力的下降幅度和下降态势都不同，说明影响因素对于每一种单元能力的影响程度各不相同。通过图 5.16 体系能力的演化结果可知，体系能力随着时间的推移，数值明显低于

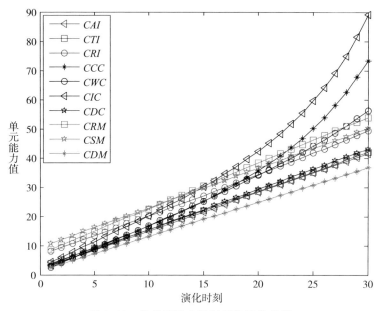

图5.15 各单元能力随时间的演化曲线

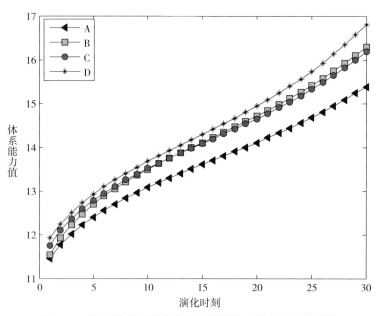

图5.16 不同的影响因素参数设置下体系能力的演化曲线

各参数变化之前的情况，而且体系能力曲线的形态也发生了改变。说明当环境存在不确定性时，体系能力涌现受到严重影响。

（4）体系内环境不稳定变动对体系能力的影响。假设体系内环境具有不确定性，发生了震荡变化，体现在体系能力涌现模型中即为，在不改变其他演化仿真模型参数设计的基础上，将模型中系数 ψ_{it} 的初始值加入 $-5\sim5$ 的随机变量（ψ_{it} 是体系环境对所属单元 V_i 的单元能力的综合影响因子）。其调整对应现实情况可解释为体系内环境，例如体系文化资源配置、体系收益分配机制、考评与激励机制等具有不确定性，单元能力和体系能力的演化曲线如图 5.17 和图 5.18 所示。图 5.17 中单元能力的值明显高于系统初始参数设计时的值。体系能力的演化值同样显著高于初始参数设计时的体系能力值，但是体系能力演化曲线的形态发生了改变。体系能力的演化趋势出现了与初始状态不同的波形。图 5.18 充分说明体系内环境的不确定性引起了体系能力的增加，并引起了体系能力增长趋势的改变。所以，环境的不确定性有时很难确切地说明对体系能力的影响作用。在现实中这种情况也时有发生。此种情况发生的原因主要是体系内环境的不确定性带来的正向影响比不确定性带来的负向影响更多，而且环境的不确定性对体系重要单元能力的演化起到了促进作用，体系能力才有所增加，从而体系能力的涌现方向会因环境的不确定性而出现不同的结果。同理，当体系外部环境发生变化时，对应体系能力涌现模型中参数 λ_{it} 的变化，其对体系能力的作用机理与内部环境对体系能力的作用机理相同。所以，当环境具有不确定性时，体系能力的涌现会因不同的情况而出现不同的结果。

（5）体系外部环境动态不利变化对体系能力的影响。假设在体系其他初始设计不变的基础上，即其他参数设置均未改变，将参数 λ_{it} 中加入 $-1\sim0$ 的随机变量，此种假设情况对应于现实中的市场环境的动荡不利变化、制造企业资金供给的不稳定和不足、政府政策的动荡不利影响等一种或多种情况。单元能力和体系能力随时间演化的曲线如图 5.19 和图 5.20 所示。在图 5.20 中，体系初始状态的演化仿真曲线仍沿用图 5.4，新的体系能力的演化曲线形式为不带标识的光滑曲线。

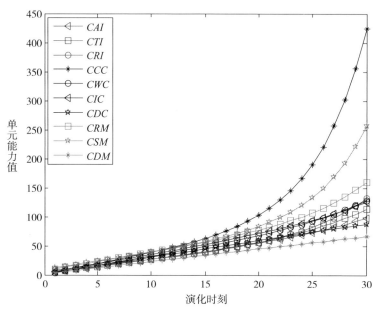

图 5.17　各单元能力随时间的演化曲线

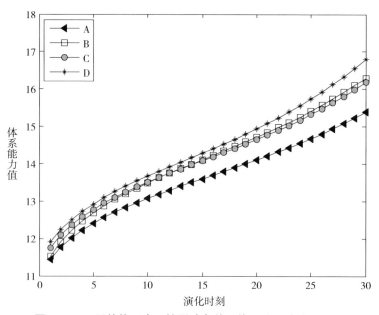

图 5.18　不同的体系内环境影响条件下体系能力的演化曲线

通过图 5.19 可知，在体系外环境动荡不利的情况下，单元能力演化值明显出现了不同形态的发展趋势，总体上说单元能力在下降。但是，每一种单元能力的下降幅度和下降态势都不同，说明影响因素对于每一种单元能力的影响程度各不相同。通过图 5.20 体系能力的演化结果可知，体系能力随着时间的推移，数值明显低于各参数变化之前的情况，而且体系能力曲线的形态也发生了改变。说明当环境变恶劣时，体系能力显著下降。

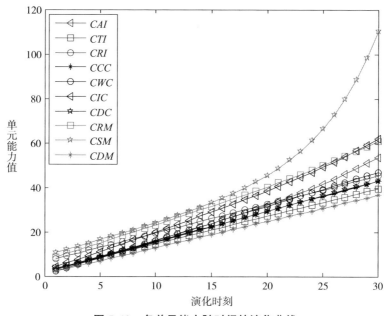

图 5.19　各单元能力随时间的演化曲线

通过体系外环境对体系能力的影响结果的仿真实验数据显示，制造企业价值共创体系的价值创造能力与体系外部环境密切相关，外部环境是影响体系能力的重要因素，如果开放的体系与外部环境进行物质交换，就会吸收体系所需的资源，并在适应环境的过程中提升体系能力。反之，如果环境、资金支持、政策扶持等外部环境对制造企业价值共创体系产生不利影响，这些不利的影响因素会阻碍体系与外部环境进行物质、信息、能量等的交换，影响体系能力的升高。

通过体系内外环境的变化对体系能力的影响可知，体系在与环境的相

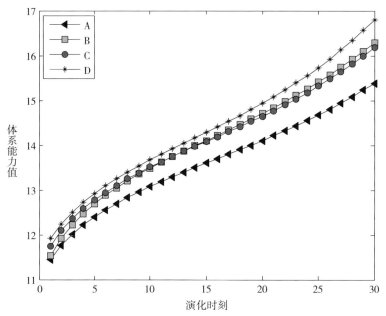

图 5.20　不同的体系外环境影响条件下体系能力的演化曲线

互作用中获取资源和信息，不断调整体系边界，并在动态适应环境变化的过程中涌现出新的特性。环境对体系能力的影响体现在体系内节点的集聚改善了体系的整体环境条件，降低了体系的成本和风险，并吸引了更多节点的加入，使体系整体能力得到提升。环境对体系能力影响的实质是体系环境为知识扩散增加了通道，由此带来的知识溢出，改善了体系整体的知识环境，促进了体系能力的涌现。

综上所述，价值创造单元在跟这些影响因素的相互作用中提高自己的价值创造能力，收获价值创造能力所需的各种要素，适应环境约束的时候，会形成体系的价值创造能力。环境通过对体系的输入产生影响，实现价值创造单元对这些影响因素的适应与协同，产生体系的涌现现象。体系只有适应环境对其产生的影响，发展出合理的体系结构才能生存下去，完成价值创造任务。本章将影响单元能力的要素分为四类，即单元自身影响作用、单元相互影响作用、体系内环境的促进作用、体系外环境的影响作用。通过对我国某制造企业价值共创体系能力的仿真分析，发现四类影响因素影响体系能力的涌现，其中前两种影响因素可总结为体系结构对体系能力涌现的影响作用，后两种因素可总结为体系所处环境对体系能力涌现的影响。这些影响因素值在不确定性的情况下，无法确定其对体系能力的影响方向和影响结果。而且，因为这些影响因素之间存在较为复杂的关联关系，所以很难推测出涌现的最终结果。但是，通过模型的仿真结果可知，正向持续增加这些影响因素的作用可以掌握涌现的方向，从一定程度上提升体系能力。

制造企业价值共创体系的价值创造能力受体系结构和体系所处环境的影响，由于现实中这些影响因素存在复杂的交互作用，体系通常无法掌控全部影响因素。因此，体系的主导企业会更注重体系结构的构建和完善，发挥体系结构中节点和节点关系的涌现效应。

5.2.3.3 体系能力涌现规律总结

通过对体系能力的涌现模型分析可知，制造企业为了适应不断变化的环境与企业实体边界外的价值共创者通过有效的关系连接，共同参与价值创造活动而产生了体系的涌现现象，体系能力是体系涌现特性的体现。价值创造能力形成的实质是体系在单元相互作用和体系单元能力影响因素的作用下实现的价值创造能力从低层到高层的演进。所以，体系能力的涌现机理可以总结为体系结构中单元相互作用形成体系能力的作用机理和单元能力影响因素中体系内外环境作用形成体系能力的作用机理。

通过体系结构对体系能力影响的两个仿真案例分析可知，体系的结构决定了其价值创造能力，体系中每个系统具有不同的价值创造功能，体系结构与单元能力之间具有映射关系，当体系中单元及单元关系发生改变时，伴随着系统能力及其关系的改变，体系层面上将涌现出不同于原来的价值创造能力，体系结构的演化类型主要包括单元能力的增加、单元能力减少及单元关系的改变三类，每一种演化类型都将会产生相应的涌现功能或特性。单元关系与单元能力相比，其对体系能力演化的影响程度更大、影响时间更长，并且随着时间的推移影响程度在逐步加深。

通过不同影响因素及体系结构设计下，体系能力的涌现分析可知，每一种假设情况下，方案 D 的体系能力数值最高，在体系能力演化图中 D 曲线都位于其他方案的上方，说明影响体系价值创造能力的重要单元能力没有因为影响因素或结构的改变而改变。虽然，体系能力众多影响因素通过之间复杂的相互作用对体系价值创造能力影响有时无法合理预期，但是，可以通过分析体系单元能力并提升其重要的单元能力，从而达到提升体系整体价值创造能力的目的。

在仿真结果的比较中发现，当不同的单元能力影响因素中加入扰动因子时，也就是对应现实中这些影响因素存在不确定性时，体系能力的演化数值、演化方向、演化趋势都有所不同。通过不同影响因素条件下体系能力涌现结果的比较发现，体系涌现出的价值创造能力随着不同影响因素的变化而变化，而且变化的程度、趋势也不同，涌现是一个非常复杂的由体系结构到体系单元能力，再由单元能力涌现出系统能力，最终由系统能力涌现出体系能力的过程。在这个过程中，每一个微小结构或影响因素的改变都将引领体系向着不同方向涌现出不同的结果。

5.3　本章小结

本章以基于结构-能力的制造企业价值共创体系超网络模型为基础，通过数学建模和系统仿真等方法研究了我国制造企业价值共创体系的价值创造能力涌现机理。

首先，本章基于超网络视角构建基于结构-能力的制造企业价值共创体系模型，精准地描述了体系的复杂结构。用两类关系来刻画了企业价值共创体系结构的复杂关系：一类是单元之间的价值流动形成的关联关系，它的作用是实现了体系内部价值流转和价值增值的功能；另一类是能力关联关系，它是由价值创造单元之间功能耦合作用而形成的关联关系，是体系能力涌现的源泉。通过数学语言将两类异质节点、节点之间的多维连边关系、各网络之间的相互影响和作用机理，结合超网络模型加以描述。该模型很好地诠释了制造企业价值共创体系价值创造能力的形成过程，从而为制造企业价值共创体系涌现机理模型的构建建立了良好的理论基础。

其次，基于制造企业价值共创体系超网络模型研究了体系单元级价值创造能力的影响因素模型、单元级价值创造能力演化模型、体系级价值创造能力涌现模型，量化阐述了制造企业价值共创体系价值创造能力的涌现机理，揭示了制造企业价值共创体系价值创造能力的本质是体系涌现的结果，体系的价值创造能力由单元级价值创造能力经系统级价值创造能力层层聚合而成，并可通过单元级价值创造能力的非线性聚合关系式加以表达。通过比较不同情况下体系级价值创造能力的涌现结果，从动态演化视角揭示了制造企业价值共创体系三个层次价值创造能力的涌现过程，总结了体系涌现规律，解释了体系结构和体系所处的内外环境影响体系价值创造能力的涌现。为准确认识制造企业价值共创体系的涌现现象提供了科学的理论基础和新的方法和视角，也为制造企业提升整体价值创造能力提供了可行的方法。

6

制造企业价值共创体系的
价值创造能力评价

　　系统、准确地对我国制造企业价值共创体系的价值创造能力进行评估对处于超竞争环境的企业保持与环境的敏捷适应性，并处于竞争优势地位具有重要的意义。本章在对我国制造企业价值共创体系的价值创造能力涌现机理认识的基础上，以系统涌现理论为基础，构建制造企业价值共创体系的价值创造能力评价指标体系和评价模型，对我国制造企业价值共创体系的价值创造能力水平及结构进行分析和评价。

6.1　制造企业价值共创体系的价值
创造能力评价原则

　　在构造指标体系时主要基于以下原则：

　　第一，系统整体性原则。对企业价值创造体系价值创造能力的评价不应从体系的构成要素或是部分系统的绩效去判断，而需要基于系统涌现理论，将全部价值共创者置于网络整体框架之内进行综合把握。从体系整体功能出发，着重突出制造企业价值共创体系对快速变化环境的敏捷适应特征[147]。

第二，科学性原则。指标的选取是评价制造企业价值共创体系价值创造能力的重要依据，所以，在建立我国制造企业价值共创体系价值创造能力指标时，应遵循科学性原则，遵循涌现原理所反映的体系价值创造能力这一科学依据，选取能够真实反映我国制造企业价值共创体系的价值创造能力的衡量指标，可靠反映体系价值创造能力的水平。

第三，可操作性原则。涌现的来源复杂且多样，制造企业价值共创体系的价值创造能力是体系涌现的结果，其测量具有一定的困难。因此，在选取测量指标时既要保证涌现性度量指标的可量化性，又要保证指标的可获得性。

6.2　制造企业价值共创体系的价值创造能力评价指标体系与评价模型

6.2.1　制造企业价值共创体系的价值创造能力评价指标体系构建

6.2.1.1　指标体系模型

制造企业价值共创体系的价值创造能力作为体系功能的最终目标，是体系最终涌现的结果。制造企业价值共创体系的涌现性应为体系的情报探测及分析系统、协调控制系统、协同生产系统等构成的企业价值共创体系整体所具有的超越各组成系统的能力。体系的价值创造能力，具备了价值共创体系部分所不具有的新特性。而这些新特性正是体系价值创造单元通过相互作用产生的结果。

借鉴穆勒提出了判断涌现存在与否的三个判据[148]：可加性判据、新奇性判据和可演绎性判据[149-150]，将企业价值共创体系的涌现分为两个层次：第一个层次是价值共创体系继承于各组成系统的能力，但其能力指标不是系统级价值创造能力指标的简单线性叠加，而是非线性的整体价值创造能力的改变值。第二个层次是价值共创体系具备的，而单个体系组成系统并不具备的价值创造能力，表现在体系的整体价值创造能力指标上。

制造企业价值共创体系的价值创造能力分为三个层级：单元级价值创造能力、系统级价值创造能力、体系级价值创造能力。系统级价值创造能力主要包括三类指标，即情报探测及分析能力、体系协调控制能力和协同生产能力。系统级价值创造能力是单元级价值创造能力相互作用的结果。体系级价值创造能力是体系内部各系统之间相互作用最终涌现出来的结果，主要包括两类指标：一类是继承类涌现的价值创造能力指标，继承于系统级价值创造能力，包括协同感知能力和协同生产能力，此种能力虽然与系统级价值创造能力相似，但从来源上说，其是两个相关系统综合作用的结果，所以其指标的数值不是相关系统价值创造能力指标的合计值[151]；另一类是非继承类涌现的价值创造能力指标，包括未来竞争态势预测能力、体系生存能力和体系适应能力，它们是由体系内组成系统通过相互作用而产生的综合结果，单个系统并不能独立具备这些能力，因此是体系层次上涌现出来的新质的价值创造能力指标。以继承类和非继承类价值创造能力指标作为评价制造企业价值共创体系价值创造能力的依据，两类指标值越高，说明企业价值共创体系的涌现效果越佳，其价值创造能力越高[152]。制造企业价值共创体系的价值创造能力评价指标体系模型如图 6.1所示。

6.2.1.2 评价指标的选取

众多学者对企业价值共创体系的价值创造能力相关或相似概念进行了研究，刘朝明[153]将企业成长能力分为企业生存能力、发展能力和竞争能力，认为企业成长能力的基础是企业生存能力。发展能力是企业适应环境发展的一种适应性能力。李维安[143]认为网络组织的协同能力是其发展的重要能力之一，协同能力不仅包括信息感知的协同，还包括行动的协同。随

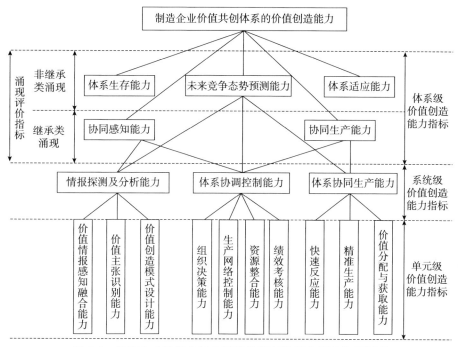

图 6.1 制造企业价值共创体系的价值创造能力指标体系模型

机应变能力是网络组织发展的基本要求。市场竞争能力是网络组织制胜的法宝和综合实力的反映。梁新弘[154]认为，企业动态竞争能力的形成首先要构建虚拟价值链，在此之上建立企业竞争情报系统，构建形成远见的能力和快速反应的能力。盛革[155]认为价值网的竞争力是一种整体的协同能力，这种协同能力根植于网络中的特有成员、网络结构和网络关系之中。价值网络的预测能力是在协同能力之上产生的更高层能力。综合前人的研究成果和本书对企业价值共创体系能力涌现过程的分析，本书提出了体系生存能力、体系适应能力、体系协同感知能力、体系协同生产能力和未来竞争态势预测能力五种能力，并构建了指标体系。

体系生存能力指体系在市场环境中维持企业基本生存的能力。生存能力参考了刘朝明[153]的研究观点，该指标反映体系涌现性中的市场生存特性。体系适应能力指体系在复杂多变的条件下正常运行的能力。体系适应能力指标借鉴刘朝明[153]、李维安[143]等学者的研究成果，该指标反映体系在涌现性中的市场适应特性。体系协同感知能力指体系成功获取、有效处理并传输顾客价值主张及价值创造目标信息的能力。体系协同感知能力参考梁新弘[154]、李维安[143]等学者的研究观点，该指标反映体系涌现性中的体系协同感知特性。协同感知能力反映体系内的价值创造单元相互协作，共同感知、分析处理体系的商业情报的融合程度。体系协同生产能力指体系按照顾客需求协同完成价值创造任务的能力。该指标借鉴李维安[143]、盛革[155]等学者的观点，反映体系涌现性中的体系协同生产特性。未来竞争态势预测能力指对体系价值创造的市场态势的预测能力。该指标借鉴盛革[155]、李维安[143]等学者的研究成果，反映在体系涌现性中的体系市场态势感知与推理特性。制造企业价值共创体系价值创造能力各维度的内涵如表6.1所示。

表6.1　制造企业价值共创体系价值创造能力各维度内涵

序号	维度	描述	价值创造能力内涵	描述
1	稳定性	指维持价值创造体系基本生存的能力	生存能力	质量稳定性、收支平衡性、订单完成率、体系抗风险性
2	适应性	环境变化情况下的企业适应变化范围	适应能力	生产适应性、组织敏捷性、人员适应性、效益可持续性
3	感知协同性	价值共创体系内成员对态势的协同感知的能力	协同感知能力	协同意识、信息共享及时准确性和完整广泛性、信息协同分析能力
4	生产协同性	价值共创体系内成员协同生产能力	协同生产能力	人员协作性、生产过程协同性、时间协同性、协同效果一致性
5	预测性	对体系运营的全方位情况的预测能力	未来竞争态势预测能力	市场环境、价值主张、竞争趋势、合作趋势、发展战略

　　根据以上对我国制造企业价值共创体系的价值创造能力的分析，初步设计了26个三级指标构成的评价指标体系并进行了指标筛选。首先，由相

关行业的专家和高校中制造业技术经济与发展领域的专家对量表进行初步甄别。其次，对指标间共线性定量分析排除信息冗余。最后，通过信度和效度检验将不合理指标剔除。通过三次筛选甄别和部分指标替换优化后，保留20个三级指标。

体系级价值创造能力的一级指标细分为 5 个二级指标：生存能力（Y_{21}）、适应能力（Y_{22}）、协同感知能力（Y_{23}）、协同生产能力（Y_{24}）、未来竞争态势预测能力（Y_{25}），5 个二级指标又细致地划分为20个三级指标。

其中，生存能力（Y_{21}）的衡量指标选取质量稳定性（Y_{211}）、收支平衡性（Y_{212}）、订单完成率（Y_{213}）、体系抗风险性（Y_{214}）。适应能力（Y_{22}）的衡量指标选取生产适应性（Y_{221}）、组织敏捷性（Y_{222}）、人员适应性（Y_{223}）、效益可持续性（Y_{224}）。协同感知能力（Y_{23}）的衡量指标选取协同意识（Y_{231}）、信息共享能力（Y_{232}）、信息协同分析能力（Y_{233}）。协同生产能力（Y_{24}）的衡量指标选取人员协作性（Y_{241}）、生产过程协同性（Y_{242}）、时间协同性（Y_{243}）、协同效果一致性（Y_{244}）。未来竞争态势预测能力（Y_{25}）的衡量指标选取市场环境（Y_{251}）、价值主张（Y_{252}）、竞争趋势（Y_{253}）、合作趋势（Y_{254}）、发展战略（Y_{255}）。

在经过小规模的结构化测试后，最终企业体系级价值创造能力的评价指标体系如表6.2所示。

表6.2 体系级价值创造能力评价指标测量量表

一级指标	二级指标	三级指标	量表来源
体系级价值创造能力（Yyy）	生存能力（Y_{21}）	1. 质量稳定性（Y_{211}） 2. 收支平衡性（Y_{212}） 3. 订单完成率（Y_{213}） 4. 体系抗风险性（Y_{214}）	刘朝明[153] 李维安[143] 张煜、龙勇[156]
	适应能力（Y_{22}）	5. 生产适应性（Y_{221}） 6. 组织敏捷性（Y_{222}） 7. 人员适应性（Y_{223}） 8. 效益可持续性（Y_{224}）	刘朝明[153] 李维安[143] 张煜、龙勇[156]

一级指标	二级指标	指标描述	量表来源
体系级价值创造能力（YYY）	协同感知能力（Y_{23}）	9. 协同意识（Y_{231}） 10. 信息共享能力（Y_{232}） 11. 信息协同分析能力（Y_{233}）	梁新弘[154] 盛革[155] 张煜、龙勇[156]
	协同生产能力（Y_{24}）	12. 人员协作性（Y_{241}） 13. 生产过程协同性（Y_{242}） 14. 时间协同性（Y_{243}） 15. 协同效果一致性（Y_{244}）	盛革[155] 梁新弘[154]
	未来竞争态势预测能力（Y_{25}）	16. 市场环境（Y_{251}） 17. 价值主张（Y_{252}） 18. 竞争趋势（Y_{253}） 19. 合作趋势（Y_{254}） 20. 发展战略（Y_{255}）	李维安[143] Petrovic 等[157] Osterwalder 等[158] 原磊[159]

6.2.2 制造企业价值共创体系的价值创造能力评价模型构建

在以上确定的评价指标体系的基础上，选择因子分析法对制造企业价值共创体系的价值创造能力进行评价。因子分析法是一种成熟的评价方法，被广泛应用于管理学领域。它的核心应用是通过指标的因子联系将关系最为紧密的变量归为一类，每一类变量成为一个因子，使因子变量数量远小于原变量的数量。而且，提取的因子能反馈出绝大部分原始资料信息，对于制造企业价值共创体系的价值创造能力的评价就是试图用最少个数不可测因子的线性函数与特殊因子之和来描述原始指标体系中的每一分量。建立因子分析模型主要有两个目的：第一是找出主因子并知道它的意义，更好地对制造企业价值共创体系的价值创造能力进行分析；第二是应用因子分析模型将因子用变量的线性组合来表示，评价每个样品在整个模型中的地位，即对每个被评价对象的价值创造能力进行综合评价。

选择因子分析法对企业价值共创体系的价值创造能力进行评价，制造企业价值共创体系的价值创造能力可以表示为 Y。因子分析模型的基本表达式为：

$$x = AF + X \tag{6.1}$$

因子得分数值计算公式为：

$$F = A^{-1}(x - X) \tag{6.2}$$

综合性评价指标值计算公式为：

$$F_{\text{总}} = \frac{\lambda_1 F_1 + \lambda_2 F_2 + \cdots + \lambda_i F_i + \cdots + \lambda_m F_m}{\sum_{i=1}^{m} \lambda_i} \tag{6.3}$$

将 $F_{\text{总}}$ 评价值设定在 $[0, 10]$ 上进行标准化，其公式为：

$$F = 10[F_{\text{总}} - \min(F_{\text{总}})]/[(\max(F_{\text{总}}) - \min(F_{\text{总}}))] \tag{6.4}$$

式中，$x = (x_1, x_2, \cdots, x_i, \cdots, x_n)$，$F = (F_1, F_2, \cdots, F_i, \cdots, F_m)$；

$$X = (X_1, X_2, \cdots, X_j, \cdots, X_n) ; A = \begin{pmatrix} a_{11} & a_{12} \cdots & a_{1m} \\ a_{21} & a_{22} \cdots & a_{2m} \\ \vdots & a_{ij} \cdots & \vdots \\ a_{n1} & a_{n2} \cdots & a_{nm} \end{pmatrix}$$

式中，F_i 为因子项；X_j 为特殊因子项；x_i 为观测变量；a_{ij} 为因子载荷。式 6.3 中，λ_i 为各个因子的方差贡献率。

因为所使用的指标均为正向指标，所以，本书用提取的公因子作为反映各指标最大程度信息的综合指标，因子数值越高，则制造企业价值共创体系的价值创造能力越强。

6.3 制造企业价值共创体系的价值创造能力评价模型应用

6.3.1 数据来源及样本描述

数据来源包括两部分：一部分来源于现场调研，通过走访企业，参加某高新技术制造产业峰会和发放该行业制造企业获取的调查问卷；另一部分来源于该行业的相关协会等机构的统计年鉴。

在进行大规模的调研之前，首先通过文献梳理，提炼出企业价值共创体系的价值创造能力指标的 5 个维度，并对每个维度的测量指标进行了筛选。其次，通过行业专家和企业高层领导者的半结构化访谈，完善部分测量题项。最后，通过 20 家企业的小规模预调研，最终确定更易于被调研者接受的问卷题项。大样本调研问卷全部由制造企业的领导者或企业高层管理者填写。调研共发放问卷 550 份，回收有效问卷 213 份，有效问卷回收率为 38.7%，量表的数量满足量表做因子分析的要求。

问卷样本企业来自 24 个省、自治区、直辖市，涉及某高新技术相关产业 10 种。样本具体特征如下：

本次调研的企业共涉及 24 个省、自治区、直辖市共 213 家企业，其中安徽省 3 家、北京市 31 家、福建省 3 家、甘肃省 1 家、广东省 14 家、贵州省 2 家、河北省 5 家、河南省 4 家、黑龙江省 1 家、湖北省 3 家、湖南省 4 家、吉林省 1 家、江苏省 56 家、江西省 1 家、辽宁省 6 家、内蒙古自治区 3 家、山东省 21 家、山西省 3 家、陕西省 6 家、上海市 14 家、四川省 3 家、天津市 9 家、新疆维吾尔自治区 3 家、浙江省 16 家。所调研企业在各省、自治区、直辖市中的分布如图 6.2A 所示。

本次调研共涉及 213 家企业，从成立时间的角度分析，成立 5 年以下的企业 27 家，成立 6~10 年的企业 51 家，成立 11~20 年的企业 67 家，成立 20 年以上的企业 68 家，其所占比例如图 6.2B 所示。

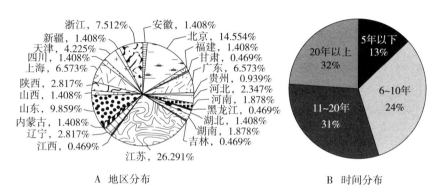

A 地区分布   B 时间分布

图 6.2 制造企业地区分布和制造企业成立时间分布

本次调研的企业人员规模不同。其中，人员规模为 100 人以下的企业 69 家，101~300 人的企业 52 家，301~500 人的企业 32 家，501~1000 人的企业 16 家，1001~3000 人的企业 20 家，3001 人及以上的企业 24 家，如图 6.3A 所示。本次调研中国有独资企业 31 家，"三资"企业 7 家，民营企业 116 家，国有控股企业 27 家，其他类型企业 32 家，如图 6.3B 所示。

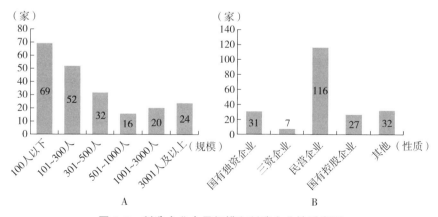

A   B

图 6.3 制造企业人员规模和制造企业性质类型

在本次调研的企业中，制造企业所属产业类型为基础设施行业的企业12家，食品工业加工的企业12家，医药行业的企业14家，化工工业的企业57家，水处理行业的企业152家，其他产业类型23家，如图6.4所示。

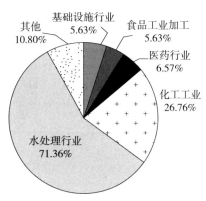

图6.4　制造企业所属产业类型分布

在本次调研的企业中，生产该高新技术材料的企业共144家，使用该高新技术材料的企业共88家。该材料主要分为六种类型。生产第一类高新技术材料的38家，生产第二类高新技术材料的56家，生产第三类高新技术材料的17家，生产第四类高新技术材料的22家，生产第五类高新技术材料的22家，生产第六类高新技术材料的21家。使用第一类高新技术材料的55家，使用第二类高新技术材料的58家，使用第三类高新技术材料的3家，使用第四类高新技术材料的2家，使用第五类高新技术材料的2家，使用第六类高新技术材料的17家。

在本次调研的企业中，处于创业阶段的企业有18家，处于发展阶段的企业有108家，处于成熟阶段的企业有79家，处于衰退阶段的企业有8家，如图6.5A所示。

在本次调研的企业中，有74家企业与0~50家企业有长期稳定的合作关系，有52家企业与51~100家企业有长期稳定的合作关系，有33家企业与101~200家企业有长期稳定的合作关系，有17家企业与201~300家企业有长期稳定的合作关系，有19家企业与301~500家企业有长期稳定的合作关系，有9家企业与501~1000家企业有长期稳定的合作关系，有9家企业与超过1000家企业有长期稳定的合作关系，如图6.5B所示。

在本次调研的企业中，基本组织结构形式为经理—职能部门（经–职）的数量为58家，经理—职能部门—事业部（经–职–事）的数量为76家，职能部门–任务团队（职–任）的数量为37家，网络型组织的数量为19家，流程型组织的数量为13家，其他组织形式的企业数量为12家，如图6.5C所示。

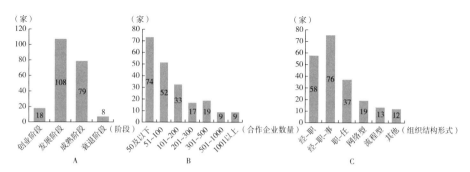

图6.5　制造企业发展阶段分布、合作企业数量分布和
基本组织结构形式分布

在本次调研的企业中，2017~2020年平均营业收入分布情况如下：收入500万元以下的28家，收入500万~5000万元的40家，收入5000万~1亿元的29家，收入1亿~5亿元的45家，收入5亿~10亿元的21家，收入在10亿元以上的42家，另有8家企业的收入情况不详，如图6.6A所示。

在本次调研的企业中，2017~2020年平均营业收入增长率分布情况如下：增长率为3%以下的为19家，增长率为3%~5%的为22家，增长率为6%~10%的为38家，增长率为11%~20%的为53家，增长率为21%~30%的为38家，增长率为30%以上的为23家，情况不详的为20家，如图6.6B所示。

在本次调研所涉及的企业中，近五年主营业务收入平均增长率分布情况如下：增长率在3%以下的为13家，增长率为3%~5%的为32家，增长率为6%~10%的为55家，增长率为11%~20%的为44家，增长率为21%~30%的为28家，增长率为30%以上的为17家，情况不详的24家，如图6.7A所示。

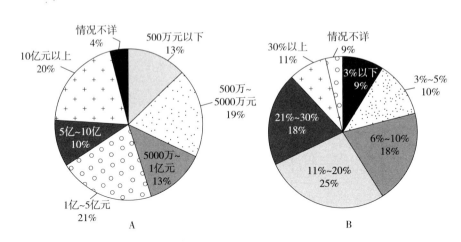

图 6.6 制造企业年均营业收入分布和制造企业年均营业收入增长率分布

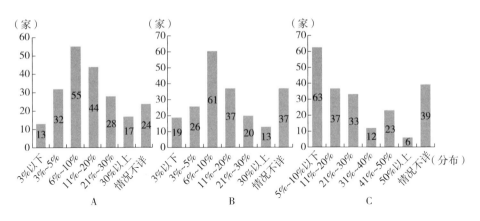

**图 6.7 近五年主营业务收入平均增长率分布、平均资产收益率分布和
市场份额增长率分布**

在本次调研的企业中，近五年平均资产收益率分布情况如下：收益率
3%以下的为 19 家，收益率 3%~5%的为 26 家，收益率 6%~10%的为 61
家，收益率 11%~20%的为 37 家，收益率 21%~30%的为 20 家，收益率
31%及以上的为 13 家，情况不详的 37 家，如图 6.7B 所示。

在本次调研的企业中，近五年市场份额增长率分布情况如下：增长率

5%~10%的为 63 家，增长率 11%~20%的为 37 家，增长率 21%~30%的为 33 家，增长率 31%~40%的为 12 家，增长率 41%~50%的为 23 家，增长率 为 50%以上的为 6 家，情况不详的 39 家，如图 6.7C 所示。

6.3.2 问卷设计及分析方法

问卷设计包含两部分内容：第一部分为企业概况，第二部分为制造企业价值共创体系价值创造能力的测量题项。问卷对测量题项采用 Likert 7 级量表打分（最低分 1 为非常差，最高分 7 为非常好）。考虑到企业一般不愿意透露其真实的财务状况，所以对于量表中设计的财务指标数据是通过真实数据情况和 Likert 7 级量表数据相互印证的方式，核对后确认。

采用 SPSS 19.0 软件对数据进行描述性分析、各项检验和因子分析。先通过因子分析测算制造企业价值共创体系价值创造能力的综合值，进一步明确价值创造能力的结构和主要成分。

6.3.3 信度效度检验

在对每家制造企业的价值共创体系进行评价时，不仅要得出制造企业的综合得分和排名，而且要对制造企业价值共创体系的价值创造能力进行分类，这两种评价方式相结合，既可以研究我国制造企业价值共创体系的价值创造能力在同行中的排名，又可以研究各企业价值共创体系的价值创造能力在形成过程中表现出来的共性和个性问题。有利于更好地为我国制造企业价值共创体系的价值创造能力的提升提供借鉴。本书首先通过综合得分总体分析制造企业价值共创体系的价值创造能力情况，然后通过因子分析中每一个制造企业价值共创体系价值创造能力各组成部分的详细情况，分析制造企业价值共创体系价值创造能力的影响因子，找到提升制造企业价值共创体系价值创造能力的路径。

6.3.3.1 信度检验

信度衡量的是调查数据经检验后，所得检验结果的一致性或稳定性。本书中采用 α 系数对数据进行信度检验。一般而言，信度系数 α 达到 0.9 以上，表明该测验或量表的信度较好；信度系数 α 在 0.8 以上，表明可以接受；如果信度系数 α 在 0.7 以下，就应该对此量表进行修订；如果信度系数 α 低于 0.5，则此量表的调查结果不可信。利用 SPSS 19.0 软件对各个潜变量的量表进行信度检验，检验结果表明，各量表信度系数均在 0.8 以上。这说明各潜变量的变量量表具有较好的内部一致性，问卷可信度较高，具体结果如表 6.3 所示。

表 6.3 体系级价值创造能力各变量的信度检验

能力维度	Cronbach's α	项数	单一主成分解释比例（%）
生存能力	0.850	4	77.135
适应能力	0.922	4	76.406
协同感知能力	0.907	3	84.417
协同生产能力	0.904	4	77.663
未来竞争态势预测能力	0.943	5	81.424

6.3.3.2 效度检验

效度检验的目的是测出变量的准确性程度，而因子分析是检验效度的常用方法。在进行因子分析时，需要进行 Bartlett 及 KMO 检验。若 KMO 值>0.5，Bartlett 球形检验的 $P<0.001$，则表明适合做因子分析。对生存能力、适应能力、协同感知能力、协同生产能力、未来竞争态势预测能力的测量量表进行效度检验，结果表明各量表的 KMO 值均大于 0.7，并且 Bartlett 球形检验的结果显示量表的显著性 P 值均为 0.000，这些均表明数据可以进行因子分析，具体结果如表 6.4 所示。

表 6.4 体系级价值创造能力各变量的 KMO 和 Bartlett 球形检验

变量	KMO 检验	Bartlett 球形检验		
		近似卡方分布	df	Sig.
生存能力	0.725	169.430	3	0.000
适应能力	0.894	466.751	10	0.000
协同感知能力	0.739	264.927	3	0.000
协同生产能力	0.816	338.192	6	0.000
未来竞争态势预测能力	0.885	586.081	10	0.000

（1）生存能力的因子分析。生存能力 4 道题项的因子分析的结果表明，该量表包含的各题项因素负荷量都大于 0.5，题项变量情况良好，存在 1 个特征根大于 1 的因素，累计可解释的变异量为 77.135%，表明生存能力 4 道题项效度良好。具体分析结果如表 6.5 所示。

表 6.5 生存能力因子总方差解释

成分	初始特征值			提取平方和载入		
	合计	方差（%）	累计（%）	合计	方差（%）	累计（%）
1	2.314	77.135	77.135	2.314	77.135	77.135

（2）适应能力的因子分析。适应能力 4 道题项的因子分析的结果表明，该量表包含的各题项因素负荷量都大于 0.5，题项变量情况良好，存在 1 个特征根大于 1 的因素，累计可解释的变异量为 76.406%，表明适应能力 4 道题项效度良好。具体分析结果如表 6.6 所示。

表 6.6 适应能力因子总方差解释

成分	初始特征值			提取平方和载入		
	合计	方差（%）	累计（%）	合计	方差（%）	累计（%）
1	3.820	76.406	76.406	3.820	76.406	76.406

（3）协同感知能力的因子分析。协同感知能力3道题项的因子分析的结果表明，该量表包含的各题项因素负荷量都大于0.5，题项变量情况良好，存在1个特征根大于1的因素，累计可解释的变异量为84.417%，表明协同感知能力3道题项效度良好。具体分析结果如表6.7所示。

表 6.7　协同感知能力因子总方差解释

成分	初始特征值			提取平方和载入		
	合计	方差（%）	累计（%）	合计	方差（%）	累计（%）
1	2.533	84.417	84.417	2.533	84.417	84.417

（4）协同生产能力的因子分析。协同生产能力4道题项的因子分析的结果表明，该量表包含的各题项因素负荷量都大于0.5，题项变量情况良好，存在1个特征根大于1的因素，累计可解释的变异量为77.663%，表明生产协同能力4道题项效度良好。具体分析结果如表6.8所示。

表 6.8　协同生产能力因子总方差解释

成分	初始特征值			提取平方和载入		
	合计	方差（%）	累计（%）	合计	方差（%）	累计（%）
1	3.107	77.663	77.663	3.107	77.663	77.663

（5）未来竞争态势预测能力的因子分析。未来竞争态势预测能力5道题项的因子分析的结果表明，该量表包含的各题项因素负荷量都大于0.5，题项变量情况良好，存在1个特征根大于1的因素，累计可解释的变异量为81.424%，表明未来竞争态势预测能力5道题项效度良好。具体分析结果如表6.9所示。

表 6.9　未来竞争态势预测能力因子总方差解释

成分	初始特征值			提取平方和载入		
	合计	方差（%）	累计（%）	合计	方差（%）	累计（%）
1	4.071	81.424	81.424	4.071	81.424	81.424

体系级价值创造能力包含 5 个维度 20 个测量指标。对量表首先进行信度和效度检验，结果显示各量表的 Cronbach's α 系数均大于 0.8，说明设计的量表具有较高的可信度。对量表中的每一种价值创造单元能力进行 KMO和 Bartlett 检验，结果表明，各项能力设计的指标的检验值 KMO 均大于 0.7，Bartlett 球形检验的显著性概率为 0.000，小于 0.001，适合做因子分析。由表 6.10 进行因子分析结果可知，旋转出 2 个特征根大于 1 的因子 F_1、F_2，累计方差占总方差的比例为 75.100%。可以得出生存能力、适应能力、协同感知能力、协同生产能力、未来竞争态势预测能力 5 个一级指标能缩减为 2 个因子。其中，第一个因子 F_1 主要对适应能力、协同感知能力、协同生产能力、未来竞争态势预测能力 4 个指标赋值较高；第二个因子 F_2 主要对生存能力 1 个指标赋予高值。因此对 F_1 的 4 个指标和 F_2 的 1 个指标的分析可知，F_1 主要反映价值共创体系可持续价值创造能力，而 F_2 主要反映企业价值共创体系基本的价值创造能力。表 6.11 是各公因子的解释力，F_1 解释了全部数据的 64.792%，表明适应能力、协同感知能力、协同生产能力、未来竞争态势预测能力是企业价值共创体系价值创造能力的主要决定因素。

表 6.10　体系级价值创造能力评级指标方差解释量表

因子	占总方差的比例（%）	累计方差占总方差的比例（%）
F_1	64.792	64.792
F_2	10.311	75.100

表 6.11　Y 旋转的因子载荷矩阵

	Component			Component	
	F_1	F_2		F_1	F_2
y11	0.216	**0.801**	y41	**0.713**	0.443
y12	0.072	**0.830**	y42	**0.708**	0.526
y13	0.323	**0.730**	y43	**0.679**	0.414
y14	0.429	**0.556**	y44	**0.638**	0.508
y21	**0.691**	0.509	y51	**0.829**	0.268
y22	**0.679**	0.535	y52	**0.826**	0.175
y23	**0.650**	0.604	y53	**0.866**	0.192
y24	**0.668**	0.470	y54	**0.847**	0.257
y31	**0.737**	0.455	y55	**0.850**	0.129
y32	**0.656**	0.510	—	—	—
y33	**0.714**	0.515	—	—	—

6.3.4　评价结论

6.3.4.1　总体评价

根据式（6.3），通过各因子的方差解释力作为权重对两个因子进行加权，得到我国某高新技术行业内制造企业价值共创体系的价值创造能力总评价值为：$Y' = \dfrac{64.792F_1 + 10.311F_2}{75.100}$。再根据式（6.4）进行标准化处理，将得分映射到 [0，10] 区间，得到 $Y = 10 \times \dfrac{Y_{2i} - \min(Y_2)}{\max(Y_2) - \min(Y_1)} = 10 \times$

$\dfrac{Y_{2i} - (-2.6001)}{1.2208 - (-2.6001)}$。

图 6.8 清晰地显示出该行业制造企业价值共创体系价值创造能力的总体水平。

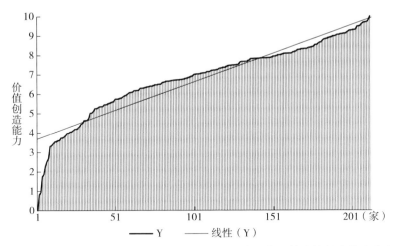

图 6.8　我国某高新技术行业内制造企业价值共创体系的价值创造能力分布

从 213 家企业的样本整体情况上来看，我国制造企业的价值共创体系整体价值创造能力的均值为 6.8049，处于均值以上的企业为 118 家，占全部 213 家企业数量的 55%，得分在 0～4 分，且小于 4 的企业有 21 家；得分在 4～6 分，且小于 6 的有 37 家；得分在 6～8 分，且小于 8 的有 95 家，得分在 8～10 分有 60 家。表明我国某高新技术行业内制造企业价值共创体系的价值创造能力总体情况为中等略偏上。

下面分别就不同类型制造企业说明我国制造企业价值共创体系的价值创造能力水平：

在所有被调研的企业中，创业阶段的企业有 18 家，发展阶段的企业有 108 家，成熟阶段的企业有 79 家，衰退阶段的企业有 8 家。其中，处于创业阶段企业的价值创造能力最低值为 0.8275，最高值为 10.0000，平均值为 6.7153；处于发展阶段企业的价值创造能力最低值为 2.6948，最高值为 9.7156，平均值为 6.8224；处于成熟阶段企业的价值创造能力最低值为 3.4504，最高值为 9.7133，平均值为 7.1959；处于衰退阶段企业的价值创造能力最低值为 0.0000，最高值为 7.5187，平均值为 2.9090，如图 6.9 所示。

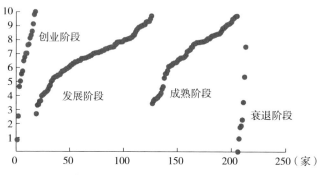

图 6.9　制造企业不同成长阶段体系的价值创造能力分布

在所有被调研的企业中，国有独资企业共有 31 家，其中价值创造能力最低值为 3.4504，最高值为 10.0000，平均值为 6.4284；"三资"企业有 7 家，其中价值创造能力最低值为 6.5040，最高值为 9.4911，平均值为 7.8730；民营企业有 116 家，其中价值创造能力最低值为 0.0000，最高值为 9.8008，平均值为 6.8640；国有控股企业有 27 家，其中价值创造能力最低值为 3.3124，最高值为 9.6959，平均值为 6.5716；其他企业有 32 家，其中价值创造能力最低值为 0.8275，最高值为 9.7156，平均值为 6.9187，如图 6.10 所示。

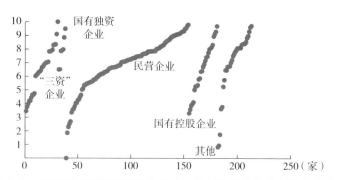

图 6.10　不同所有制性质制造企业价值共创体系的价值创造能力分布

尽管样本企业均属于某高新技术行业，但是具体的产业类型又细分为六类，个别企业还有同属于不同细分产业类型的情况。在所有被调研的企业中，细分行业产业类型为基础设施行业的企业有 12 家，其中，企业价值创造能力最低值为 2.2955，最高值为 9.0147，平均值为 6.3634；产业类型为食品工业加工的企业有 12 家，其中，价值创造能力最低值为 6.3833，最高值为 9.0147，平均值为 7.4191；产业类型为医药行业的企业有 14 家，其中，价值创造能力最低值为 3.9894，最高值为 9.0147，平均值为 7.0176；产业类型为化工工业的企业有 57 家，其中，价值创造能力最低值为 1.7535，最高值为 10.0000，平均值为 7.2027；产业类型为水处理行业的企业有 152 家，其中，价值创造能力最低值为 0.0000，最高值为 9.7156，平均值为 6.8493；产业类型为其他的企业有 23 家，其中，价值创造能力最低值为 1.8628，最高值为 9.8008，平均值为 6.4584。部分制造企业存在跨行业现象，所以，分行业统计的企业数量多于 213 家，如图 6.11 所示。

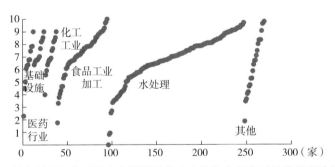

图 6.11　所在制造行业不同产业类型制造企业价值共创体系的价值创造能力分布

在所有被调研的企业中，该高新技术行业主要业务领域为高新材料主件及材料相关设备建造的企业有 54 家，其中，价值创造能力最低值为 0.8275，最高值为 9.4911，平均值为 7.0929；材料生产商企业有 64 家，其中，价值创造能力最低值为 0.0002，最高值为 10.0000，平均值为 7.1521；材料工程服务企业有 70 家，其中，价值创造能力最低值为 1.7535，最高值为 9.6959，平均值为 6.8868；材料产品综合服务企业有 85 家，其中，价值创造能力最低值为 0.9335，最高值为 9.7156，平均值为 6.5908，如图 6.12 所示。

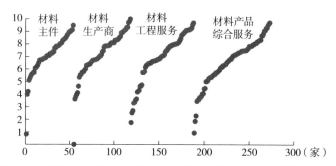

图 6.12　不同业务领域的制造企业价值共创体系的价值创造能力分布

通过对样本企业的价值共创体系的价值创造能力的具体分析，得出以下结论：

我国该高新技术行业内制造企业整体的利润率高于其他行业企业，虽然该高新技术行业内制造企业价值共创体系的价值创造能力总体处于中等偏上水平，但小部分制造企业价值共创体系的价值创造能力低下，尽管其利润水平仍高于其他行业企业，但是未来的可持续发展堪忧。这些企业的共同特征主要包括：体系的情报探测及分析系统能力不足，企业对全球范围的材料市场动态、材料市场需求能力、客户产品要求等市场情报分析能力不足，没有及时地掌握、理解客户的价值主张，形成适应市场发展的价值创造模式和企业战略；企业价值共创体系边界太窄，体系内价值共创成员的能力和关系都较差，无法相互学习与合作，协同能力低下，核心企业对体系内其他企业的指控协调能力和资源配置能力不足，体系内成员缺乏信任，沟通不畅，企业管理层缺乏体系整体系统的管理意识和管理水平，体系内没有建立起促进体系协同发展的机制与体制；体系的协同生产系统能力不足，体系生产的快速反应能力及敏捷生产能力普遍低下，产品市场满意度不高，出现原料供应不及时，市场需求骤然变化，企业无法及时调整生产等情况。

通过对部分价值创造能力偏低的制造企业的深入调研发现，这些制造企业普遍存在材料质量合格率低，应用层次偏低，应用领域狭窄，自主创新能力不足，企业规模较小，价值创造模式落后，高端产业、低端环节等现象。而且，这些企业的价值共创体系建设不完善，体系内成员能力不足，资源配置不齐，体系管理水平严重不足，体系缺少一致认同的体系文化，体系内利益分配不合理，考核指标不利于成员达成价值共创意愿等。企业价值共创体系的基本价值创造能力和可持续价值创造能力都普遍低下。

制造企业所属的地区之间以及不同细分行业之间价值创造能力差距略大。其中，北京、苏州、上海、浙江、山东、天津地区的制造企业价值创造能力评分值高的企业数量较多。黑龙江、吉林、内蒙古等地区的制造企业价值创造能力普遍偏低。在水处理行业中，业务领域为材料主件及材料相关设备建造的制造企业价值创造能力略高于其他业务领域同类企业。"三资"性质制造企业的价值创造能力比其他企业性质的制造企业价值创造能力水平略高。这些体系价值创造能力较高的制造企业特点为：企业价值共创体系建立完善，而且体系内价值共创主体之间的相互配合默契，协同能力强；搭建了覆盖体系整体的信息网络，进行平台化、一体化管理与协作。地区间制造企业价值创造能力不均衡的主要原因是制造企业的发展理念、市场环境、发展环境具有差异，一些地区对制造企业的发展不够重视，制造企业不仅资金缺乏、管理水平落后、技术陈旧，还沿用旧的企业发展理念和发展方式，普遍没有建立起完善的企业价值共创体系，进而延伸企业的价值创造能力。因此，其价值创造能力普遍偏低。而在制造企业发展较快的地区，政府的政策导向及企业经营环境均优于其他地区，这些地区的政府一直提倡创新发展的理念，并在政策和资金上扶持企业创新，企业也积极引进人才，创新价值创造模式，建立完善的企业价值共创体系并培育其所需的各种能力，协调更多的价值共创者参与到企业的经营中去，并引入风投等基金支持，不断提升体系的管理水平，建立完善的企业情报探测及分析系统能力、体系协调控制系统能力和体系协同生产系统能力。

通过对价值创造能力评分值 90 分以上的部分制造企业的价值共创体系深入调研发现：这些企业价值共创体系的普遍特点是，企业的价值共创体系建立完善，并能很好地掌控体系的发展方向；企业价值共创体系的边界广阔、成员丰富，成员之间的协同能力和互补能力强；他们对未来市场竞争态势具有良好的预测能力，能够准确及时地判断市场发展方向和市场需求变化，并作出合理的企业战略调整和价值创造模式设计改变；企业能够在体系内及时响应市场需求，进行生产调整；体系内成员能力互补，资源配置水平和效率高；企业价值共创体系的管理水平好，体系具有良好的运行机制；企业价值共创体系内具有共同的价值理念和发展方向，成员之间有普遍赞同的体系价值分配方案和绩效考核制度；顾客对企业产品的满意度高，认可产品的品牌。

企业价值共创体系价值创造能力较好、结构较完善的制造企业主要在东部沿海地区、内陆大中型城市、经济发达地区。这些制造企业价值共创体系结构的明显特征是都包含众多的价值创造节点，节点关系紧密，节点功能耦合度高，其体系结构的松散联系节点众多，并且在价值创造过程中发挥了重要作用。价值创造节点存在一定数量的国外企业或科研企业，并且制造企业与国外制造企业或相关企业存在一定的业务关联。体系建立了完善的情报探测及分析系统、协调控制系统、协同生产系统。体系具有良好的协调机制，体系内成员信任度高，存在一定数量的金融机构或风投机构，体系网络的治理水平明显高于同类企业。高校、科研机构、顾客在体系价值创造中发挥了重要的作用。体系具有先进的发展理念和良好的价值创造模式。这些制造企业价值共创体系结构特征即要素情况、要素关系与体系运作情况如下：

首先，制造企业价值共创体系的要素情况主要包括政府、高校及科研院所、体系内企业、中介机构、核心企业的领导者等。

政府在制造企业价值共创体系的发展中发挥了重要的作用。北京、广州等地区的地方政府通过规划产业发展、提供优惠政策制度、资金辅助、技术创新奖励及其他方面的服务和支持，在人才、资金、税收、政策等方面给予了扶持，提供该地区制造企业价值共创体系发展所需要的资源。北京市政府还针对具有战略新兴行业性质的高性能材料企业早期创业提供了多种政策、资金等方面的支持，帮助企业建立价值共创体系。

体系内聚集了大量的高校、科研院所，为制造企业价值共创体系的建设提供技术、智力支持。尤其是高校对制造企业的技术支持力度较大，在高性能制造材料的研发上给予了大力的技术支撑，以北京为例，调研的四家规模较大企业均有自己的科研网络体系，在网络内聚集了来自世界各地的高校和科研院所。其中一家企业在国内的科研合作单位达到23家，国外科研单位有16家。这些科研院所和高校作为体系内重要的价值创造节点，为体系价值创造能力的发展提供了人才和智力支持，丰富了体系的情报探测及分析系统等各级系统的价值创造能力。

建立制造企业价值共创体系的主体企业具有良好的核心能力，注重企业价值共创体系的建设，企业的财务状况良好，并能够通过建立信息系统平台与体系内企业节点保持实时的信息交互。体系内存在丰富的中小企业，为体系的发展提供价值创造模块功能，这些企业普遍都具有某一项特殊的专长，为体系的发展提供了某些专长服务并分享了合理的收益。

体系内存在完善的中介服务机构，这些中介机构是制造企业价值共创体系节点重要的组成部分，主要包括产业园、行业协会、会计师事务所、管理咨询公司、银行金融机构等。它们为体系的发展提供了人才、技术、信息等重要资源。例如，该高新技术行业协会为众多制造企业提供技术培训，为制造企业与政府搭建沟通平台，为制造企业技术创新提供资金支持，助力制造企业价值共创体系的发展。

体系核心企业领导者具有突出的领导才能，尤其是战略发展才能和指挥决策才能。领导者普遍善于沟通，尤其是与政府部门沟通，将体系的组织结构设计得扁平、合理、高效，并设计了有效的体系运行机制。构建了体系共同认可的文化和发展战略，能够建立企业内外网络有效连接，并能掌控体系发展方向。

其次，制造企业价值共创体系的要素关系与体系运作情况主要包括体系发达的网络关系、体系运作机制和成员准入、体系的运作模式、网络柔性与弹性专精、节点之间的协同情况等。

体系在众多的成员间建立了发达的网络关系，体系内各节点之间通过信息系统平台及时提供体系内价值创造过程中所需的资源与能力。在正式的网络中，体系内成员共享价值情报信息，定期对网络内的信息进行共享和分析、对成员提供智力支持。体系内存在信息网络、契约网络、知识网络、物流网络、生产网络、情报网络、资金网络等众多网络。企业与企业、企业与顾客、企业与战略联盟等建立的网络关系不仅局限于正式网络，还包括一些非正式网络。例如，北京某制造企业建立了多个顾客社群网络，网络中包含顾客、供应商、合作商等众多价值创造节点，通过对产品社群中顾客信息的探测、分析，及时了解市场行情和顾客需求，并与体系内其他成员一起及时改进价值创造方案，调整生产或服务。

体系通过制定共同遵守的规则，例如信息保密级别、风险防控处理办法等，维持成员之间的信任，保证体系的有效运行。体系对纳入网络的成员进行任务和能力的匹配考察，准入成员需要有互补或相似的组织文化，对体系的价值创造理念能达成共识。

体系具有良好的运作模式，具体分为稳定性价值共创网络和动态性价值共创网络，通常情况下，体系以一个主导制造企业为基础，通过与节点成员稳定的价值创造网络建立关系，为体系完成价值创造任务。但是，当存在特定目标时，体系也能迅速建立临时生产网络，完成某一特定价值创造任务。

体系价值共创网络不仅具有很好的柔性，能够根据价值创造任务及时调整网络结构，吸纳更有利于生产的网络成员，在生产方式上采用先进的智能生产技术和信息技术，快速及时地组织生产，同时注重产品质量和顾客满意度，体现了专业化生产和弹性生产的统一。

体系内各节点在价值创造的过程中密切合作、良好协同，在体系内不仅具有良好的文化氛围、共同的核心价值观，还强调合作和学习交流，鼓励创新。区域内企业关系密切，企业与科研机构能够迅速将成果转化。

以上是对制造企业价值共创体系的价值创造能力水平的分析和评价，下面将对其结构进行分析和评价。

6.3.4.2　结构评价

通过因子分析，进一步明确了制造企业价值共创体系价值创造能力的两个主因子，即制造企业价值共创体系的可持续价值创造能力 F_1 和基本价值创造能力 F_2。两个主因子能更为精准地描述企业价值共创体系价值创造能力的两个方面，样本企业的各因子综合得分如图 6.13 所示。制造企业价值共创体系基本价值创造能力与可持续价值创造能力在图中分别表示，可以清楚地看出体系各维度价值创造能力的实际情况。企业可针对每一维度能力的情况进行有针对性的管理。

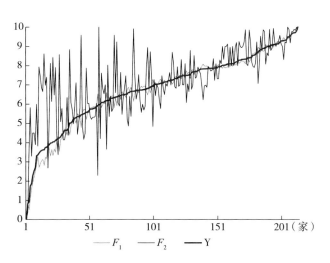

图 6.13　我国某高新技术行业内制造企业价值共创体系的价值创造能力及其主因子分布

　　由图 6.13 可知，我国该行业内制造企业价值共创体系价值创造能力的 2 个因子整体呈现出非均衡发展的势态，大部分制造企业价值共创体系的基本价值创造能力高于体系可持续价值创造能力。得分较低的企业普遍体系的基本价值创造能力较高，而体系的可持续价值创造能力严重偏低，这主要是因为部分制造企业体系的结构不完善，有些还没有建立起完善的情报探测及分析系统能力、协调控制系统能力和协同生产系统能力，体系内的各种单元能力建设得不好或者各种单元能力的协同程度差。得分在 8 分以上的企业普遍 2 个因子均衡发展，但也有部分制造企业两个因子的发展不均衡，价值创造能力评分高的制造企业，体系的基本价值创造能力和可持续

我国制造企业价值共创体系的价值创造能力研究

价值创造能力普遍较高，两种因子不均衡发展的制造企业普遍价值创造能力不高。能力值在 7.8~8.0 的制造企业，两种因子的发展水平呈现出可持续价值创造能力略高于基本价值创造能力的特征。该能力值范围内的企业存在的问题具有普遍性：首先，此类制造企业的价值创造模式设计能力略差，未来的发展方向不明确。其次，制造企业主导产品的市场份额和市场需求在下降，制造企业主导产品的利润严重下降，新产品还没有形成良好的市场份额，但是未来的发展前景广阔。最后，体系整体的建设情况良好，体系的协调控制能力和协同生产能力可以较好地满足市场的需求。通过对一些因子不均衡发展的企业进行调研后发现，这些企业问题可分为三种情况：第一种情况，企业的利润水平较好，这主要是由于行业利润率较高的原因，企业虽然不注重发展其价值共创体系的价值创造能力，但是对短期市场的顾客需求满足得比较好，企业普遍具有短视行为，协调控制系统中的指挥决策能力和资源配置能力不足，可持续发展能力不足。所以，两种因子出现不均衡发展的态势。第二种情况，企业重视价值共创体系的建立，但是，由于体系内情报探测及分析系统建立不完善，顾客价值主张识别能力和价值创造模式设计能力不足，其客户需求满意程度低。因此，虽然其体系的价值创造能力居中，但是其可持续发展能力严重低下。第三种情况，企业已经建立了价值共创体系，但是由于其中某一种价值创造能力还不完善或是某个系统的价值创造能力还不能与其他系统的价值创造能力相互协调，导致两种能力因子的水平发展不均衡。通过以上三种情况分析可知，企业价值共创体系的价值创造能力需要三个系统协同发展才能发挥"1+1>2"的效应，其中任何一种系统的价值创造能力不足都会影响企业价值共创体系整体的价值创造能力。

对于具体的制造企业，可根据每个因子的得分情况，更详细地对企业价值共创体系的基本价值创造能力和可持续价值创造能力的两个不同维度进行分析，针对薄弱环节进行提升。例如，选取 137 号、196 号两家样本制造企业进行分析。两家制造企业均属于水处理行业。虽然两家制造企业价值共创体系的价值创造能力综合得分基本相同，为 75.0000 分。但是，通过对每一家制造企业价值共创体系的价值创造能力的两个主因子 F_1、F_2 分析可知：137 号样本企业的 F_1 值较高，主要源于其价值共创体系的情报探测及分析系统能力好于另一个样本企业，并且，其价值共创体系内的人员都具有良好的协同意识，企业运营中信息共享及时准确，企业能够按照客户要求及时调整生产，体系整体的协同能力较强。196 号样本企业 F_2 值较高，该企业价值共创体系的特点是企业产品的市场占有率较高，对客户需求关注和重视程度高，协调控制系统和协同生产系统建立较完善。但是，与 137号样本企业相比，两个系统的能力还略有不足，其中资源配置能力、快速反应能力和精准生产能力偏低。通过以上分析说明，每一家制造企业不同维度主因子的价值创造能力情况有所差别。因此，制造企业应该针对自身情况有针对性地进行能力改进。

6.4 本章小结

本章基于系统涌现原理构建制造企业价值共创体系的价值创造能力评价指标体系和评价模型，通过因子分析等方法对我国 213 家某高新技术行业内制造企业价值共创体系的价值创造能力的综合评价值和主因子评价值进行分析和计算，主要结论如下：

基于系统涌现原理对制造企业价值共创体系的评价具有合理性和优越性。更能够从系统整体的角度评价制造企业价值共创体系的优劣。制造企业价值共创体系的价值创造能力可细分为基本价值创造能力和可持续价值创造能力两个维度。第二个维度对企业价值共创体系的价值创造能力影响重大。制造企业价值共创体系基本价值创造能力是生存能力的综合体现。制造企业价值共创体系的可持续价值创造能力是适应能力、协同感知能力、协同生产能力、未来竞争态势预测能力的综合体现。

通过因子分析模型对我国制造企业价值共创体系的价值创造能力进行

评价，结果表明，我国高新技术行业内样本制造企业价值共创体系的价值创造能力总体情况处于中等略好水平。本章总结了不同类型的制造企业价值共创体系价值创造能力的特点，以及导致价值创造能力不足的深层次原因。通过模型不仅关注了制造企业价值共创体系的综合性评价值，而且掌握了能力维度的具体状况，更加全面和深入地评价了我国制造企业价值共创体系的价值创造能力，为提升我国制造企业价值共创体系的价值创造能力提供了理论依据。

7

制造企业价值共创体系的
价值创造能力提升机制与策略

由第 5 章中制造企业价值共创体系的价值创造能力涌现机理的仿真分析结论可知，体系注重自身重要单元级价值创造能力的提升以及加强体系结构和体系内外环境对体系价值创造能力的影响，都能促进体系价值创造能力的提升。所以，本章结合第 6 章我国制造企业价值共创体系的价值创造能力评价，首先分析制造企业价值共创体系的价值创造能力提升机制，其次从体系的价值创造能力构成要素角度以及价值创造能力影响因素角度两个涌现驱动因素方面，提出提升我国制造企业价值共创体系的价值创造能力的对策建议。

7.1 制造企业价值共创体系的价值
创造能力提升机制

7.1.1 数字技术与制造企业价值共创体系的价值创造能力

随着数字经济时代的到来，数字赋能成为当前制造企业价值共创体系建设的有力工具。数字赋能制造企业价值共创体系提升其价值创造能力，是我国制造企业顺应新一轮工业革命实现跨越式发展的基本途径，其实质是以数据作为第一生产力赋能制造企业发展模式创新。数字技术改变了现代组织结构、重新定义了制造企业价值共创体系要素以及结构，改变了传统制造企业生产方式及价值来源[160]。本书以大数据技术为例，研究数字赋能制造企业价值共创体系提升其价值创造能力的协同运行机制。

7.1.1.1 基于 CiteSpace 知识图谱的数字赋能制造企业价值共创体系价值创造能力影响要素分析

数字赋能制造企业价值共创体系提升其价值创造能力是指制造企业利用数字资源和技术重塑企业价值共创体系运行过程，创造新的产品生产模式或商业模式以提升生产绩效和产品价值的过程。数字赋能制造企业价值共创体系提升其价值创造能力正在逐渐成为学者们研究的焦点。与数字赋能制造企业价值共创体系提升其价值创造能力相关的研究包括制造业数字化转型、工业互联网建设、数字赋能制造企业发展、大数据等数字技术赋能制造业发展等领域的研究。通过中国知网（CNKI）资源库检索主体词包含"制造企业"或"制造业"并且包含"数字"或"大数据"或"工业互联网"等关键词，共检索到 4895 篇文献。2001 年至 2017 年，文献的数量逐年稳步增多。自 2018 年开始迅猛增加，2021 年 CNKI 公开发表文献数量达到 1021 篇。通过 CiteSpace 对该主题关键词、聚类和突现词等知识图谱进行分析，发现学者们研究制造业数字化转型升级、数字技术赋能企业发展的题材较多。主要从阐释数字赋能制造业或制造企业内涵、现状与问题、价值意义、影响因素、作用机理、与其他产业或价值链融合发展、数字技术实际开发与应用、绩效评价、实践路径、对策等理论内容展开研究。从宏观和微观、理论与实践、多学科交叉等不同视角对制造企业价值共创体系提升价值创造能力进行了深入多维立体的阐释。

基于 CiteSpace 知识图谱总结出制造企业价值共创体系提升价值创造能力要素主要包括资源、技术、人才、数字化运行、组织模式、平台资源、数据技术、资金、政策、工业互联网等。以上研究为本书奠定了坚实的理论基础。数字经济时代，大数据成为赋能制造业创新发展和绩效增长的新引擎[161]。大数据赋能制造企业价值共创体系提升价值创造能力过程是利用大数据赋能企业生产经营的全过程和全领域，包括洞察客户需求、进行智慧决策、重塑生产流程、将产品创意开发为创新产品等一系列阶段集合。大数据的应用将改变以往的制造业生产模式，带来生产经营领域全方位创新。因此，本书以大数据技术为例，研究数字赋能制造企业价值共创体系提升价值创造能力的协同运行机制，为制造企业价值共创体系提升价值创造能力理论研究提供新的思路，创新中国特色制造企业价值共创体系提升价值创造能力理论发展。

7.1.1.2 大数据赋能制造企业价值共创体系提升价值创造能力模型

大数据作为新型的数据资产，在提升制造企业价值共创体系价值创造能力上具有独特的作用。大数据不仅能够赋能制造企业价值共创体系全过程运营，更能为其价值创造能力提供新动能。大数据赋能可以改善以往运行模式的缺陷，提升生产效率，创造新的价值。所以，大数据可以为制造企业共创体系提供全新的能力提升方式。大数据赋能对制造企业价值共创体系运行的影响如表 7.1 所示[162]。

表 7.1 大数据赋能对制造企业价值共创体系运行的影响

大数据赋能特性	大数据赋能具体内涵	传统生产运行模式	大数据赋能对制造企业价值共创体系运行的影响
全面性	运行过程进行全面、完整的数据全样本分析，发掘数据背后隐含的真相	割裂、分析的数据资源与单一化的数据资源获取渠道	整合各类数据库资源、拓宽数据获取渠道，拓宽数据资源
确定性	海量数据显著降低运行中的不确定性，依据数据分析、解决客户实际问题	事实型数据的应用受限，运行中各项指标的分析取决于专家的把控	以数据挖掘和分析为基础，科学研判用运行过程和客户需求
相关性	建立数据间关联性，发现现象背后的本质，并依据数据给出趋势预测	无法建立数据信息关联性，所以缺乏深入发现数据间潜在信息的能力	通过大数据技术分析数据规律，显现数据关联性和隐含知识

我国制造企业价值共创体系的价值创造能力研究

大数据赋能特性	大数据赋能具体内涵	传统生产运行模式	大数据赋能对制造企业价值共创体系运行的影响
智能性	通过数据分析构建算法模型和规则实现智能运行与决策，智慧判断客户需求和运营问题	传统经营方法依赖专家判断，无法实现基于事实的智能运行	通过大数据技术、人工智能、数据平台的使用，实现智能化运行与决策
协同性	在无边界组织内实现信息和资源共享	因企业间数据资源利用与合作的缺乏，导致竞合意识欠缺，沟通不畅	通过构建资源共享平台与体系智库平台，实现企业间的协同合作
个性化	通过海量数据分析客户习惯、需求等，为其提供针对性服务	无法满足客户个性化需求、产品形式单一	通过客户行为数据分析，精准构建用户画像，服务客户需求

　　通过 CiteSpace 制造企业价值共创体系提升价值创造能力知识图谱的分析，识别出制造企业价值共创体系提升价值创造能力的要素，再结合大数据赋能的特征，总结大数据赋能制造企业价值共创体系提升价值创造能力协同运行机制主要包括三个部分：组织机制、运行机制、保障机制。制造企业价值共创体系提升价值创造能力首先要有相应的组织机制确保企业的生产运行。为了能充分发挥大数据要素价值，数字赋能构建数字化企业价值共创体系，体系成员包括企业实体边界内各职能部门、企业外部参与协作的价值共创者、共创者联盟资源共享平台三部分。结合大数据赋能方式特性与制造企业价值共创体系运行机制，将其运行过程分为三大阶段、六个步骤：第一阶段是客户需求识别，第二阶段是商业数据收集、处理与情报分析，第三阶段是产品生产及服务。运行机制须确保在六个不同步骤里分别体现大数据赋能的特性。保障机制主要包括资源共享机制、协同发展机制、协同治理机制和利益联结机制。结合大数据特征、制造企业价值共创体系运行流程和协同发展机制，本章构建大数据赋能制造企业价值共创体系提升价值创造能力模型如图 7.1 所示。

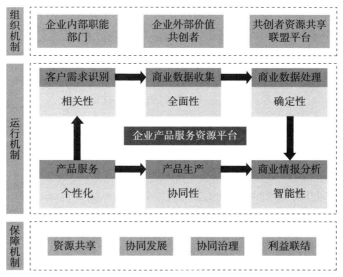

图 7.1　大数据赋能制造企业价值共创体系提升价值创造能力模型

7.1.2　数字赋能提升制造企业价值共创体系价值创造能力的协同运行机制

制造企业价值共创体系的协同运行秉承共建、共创、共治、共享的理念，将在体系内形成新的协同运行机制。本章主要讨论组织机制、运行机制及保障机制三个方面。

7.1.2.1　组织机制

组织机制包括制造企业价值共创体系结构和体系的全部参与主体。

数字技术下制造企业价值共创体系模式已经更迭为企业智慧制造价值共创体系模式。数字赋能制造企业价值共创体系是指利用多种数字技术构建的以客户为中心的智能化价值共创系统。企业智慧制造价值共创体系的主要特征是：万物融合互联、深度感知，去中心化与无边界实现客户需求的智能感知，产品与生产的分析、控制与决策，实现精准服务，达到最佳产品服务要求。体系结构本质上是由全部价值共创者组成的虚拟边界的价值共创体系。

体系人员分为企业内部各职能部门人员、企业外部协作的价值共创者以及价值共创者资源联盟平台参与者三部分。

第一，企业组织内部数字化能力提升。企业内部各职能部门主要负责维护企业运营、制定企业战略、组织价值共创者参与研发与创新、产品实际生产决策与控制。企业应在生产层面协同全部部门，通过智能制造，推动生产向智能化、个性化大规模定制方向发展。鼓励内部员工以创客身份参与生产运营，利用工业互联网平台等资源平台将生产流程与管理手段促进智能化、网络化发展。推进内部研发部门的智能化发展，通过各种资源平台的交流，密切与企业外部相关研发团队的合作，共享技术资源，提升智慧制造能力。

企业营销部门应借助互联网、融媒体等搭建数字营销平台，拓展销售渠道。通过在顾客社区、自媒体平台等收集顾客对产品设计、使用、销售等的反馈意见，结合企业内部产品开发、设计、生产、供应、采购等关键环节的智能化改造，改良产品与服务，形成生产运营服务的动态良性循环运行。

企业管理上实现智能化改造。通过建立适应智能制造的组织结构，匹配产品生产与服务流程。通过构建企业数字文化、完善管理体系，形成更加开放、包容的组织环境。通过构建企业价值共创体系资源管理平台，将供应商、客户、企业外价值共创者一同融入企业智慧制造系统中，更好地协同价值共创者参与企业经营。通过校企合作共建，为企业提供智能制造人才，为企业储备人力资源。

第二，协同企业外部价值共创者共建。企业外部协作机构能够解决企业自身创新不足、情报资源、创新人才、产品研发等难题，提供外部创新动力源泉。制造业全新发展模式是超越产业边界的大型虚拟集聚组织的协同价值共创。基于新的生产范式，政府在制造企业价值共创体系提升价值创造能力过程中发挥主导作用，成为企业数字化建设的资源保障。

政府应做好数字化转型的顶层设计。规划出实现产业升级和产品升级的分步发展纲要，挖掘利润新增长点。在产业发展层面，增强数字化基础性研究投入，针对产业发展瓶颈制定增强整体产业能力、研发能力和科技创新能力的有利政策。开展产学研联合创新，加强与国家科技重大专项和重大工程的衔接，实现数字化研究成果共享共用。研制推广数字应用技术、新型智能制造装备。

政府应制定一系列制造产业数字化转型发展、税收减免等优惠政策，解决企业转型资金问题，优化政府采购制度。公开招标全国优秀智能制造诊断服务商，通过政府采购方式，引领和撬动服务市场。政府应加强信息化投入和新兴基础设施建设，积极推动信息技术的产业运用。政府应围绕"新基建"建设方面提供专项资金和政策支持。政府应建设数字化转型服务中心，以提升服务质量，降低企业转型风险和成本。政府应协调各部门、各类型企业高效协同，取消行政壁垒和市场垄断，降本增效，促进技术、标准与规范的贯通，实现各种资源的流通和共享。

政府应加快工业数据标准化建设。促进技术、标准与规范的贯通，实现各种资源的流通和共享。运用政策将数字化研究成果推广到业界，形成制造业行业的通用性资产，促进行业整体的升级转型。政府应加大数字化转型人才培训。加大"一把手"和企业数字化人才培训力度。加快产业学院和高职院校相关专业建设。实施数字化产业工人培训工程，依托工业互联网平台建设制造业数字化人才实训基地。实行科技特派员制度，培育复合型人才。

政策培育一批产值过亿元的智能制造集成服务商和服务客户上规模的工业互联网平台。鼓励工业软件设计单位聚焦工业场景，推进工业仿真、数字孪生、运维管控等软件研发并产业化。挖掘传统制造业数字化发展竞争优势基础，发展数字化诱发的新产业、新业态、新商业模式。支持多方构建平台，提高供应链一体化协同水平；联合建立互联网数字云平台，提升产业层面的数字化支撑能力。政策鼓励中小企业联合建立与开发数字化技术应用联盟体系，构建互联网创新创业共同体，打造"条块结合、纵横交叉"的融合创新生态；实现上下游有效链接和数据共享，利用数字化手段赋能中小企业，助力其实现数字化转型。面向全球挖掘新客户需求。

第三，协同产业资源共享联盟开放共享发展。产业资源共享联盟主张资源协同利用，是协同性的有力体现。通过搭建协作互助的平台，能够打破组织机构间的壁垒，实现各类资源的价值最大化。数字经济下，全社会价值共创成为新的价值创造模式。消费者参与生产是其显著特征，政府应鼓励全社会利用开放共享经济模式对制造业进行数字化转型。政府应以政策鼓励全球生产者积极参与制造业发展，以网络效应挖掘新客户需求，提升制造业效益水平。政府应在企业间构建价值共创机制，支持企业间联盟在海外建设精密仪器和设备研究中心，以巧妙的公司组织形式设计规避国外技术封锁，进行自动化设备关键技术研发。秘密引进国外先进制造技术，引进全球高端人才攻克工业软件中核心技术、产品研发和解决方案集成关键问题，提升核心装备和关键工序的数字化。

7.1.2.2 运行机制

运行机制是制造业企业价值共创体系运用大数据等信息技术有序组织体系生产运营流程、生产工具、生产设备等各生产要素，以为客户提供满意的产品及服务所构成的要素集合体。

（1）客户需求识别。体系结合商业竞争态势感知和用户需求进行客户需求识别。利用客户实时数据挖掘，精准对客户需求进行分析。通过多渠道探测、分析、整合、处理客户信息，实现客户需求智能识别。

（2）商业数据收集。通过体系内构建各种数据库采集的数据资源和利用爬虫技术及物联网技术收集的数据，基于全样本分析，按照体系运行生产需求实时全面的获取数据。

（3）商业数据处理。商业数据处理是为了达到数据的有序性和关联性，通过所收集的数据进行预处理及语义组织等数据处理手段，达到有效利用数据的目的。数据处理步骤首先是对数据进行预处理，其次是深度利用，最后是实现数据的序化和关联并存储。

（4）商业情报分析。数字技术提供给体系智能情报分析的能力。体系通过建设大数据分析平台，结合各种数字技术手段，大数据的智能性实现了综合利用人工智能对商业情报进行分析和预测的目标。

（5）产品生产。制造企业价值共创体系根据产品的客户需求情况组建多元化产品研发团队开展研究。体系通过协同多层次、多专业、多领域、多地域的价值共创者共同设计，创新产品设计，实现个人智慧与产品充分融合，产出高质量的产品和服务。大数据的协同性保障了产品创新与生产。

（6）产品服务。大数据技术在智能分析环境与客户的基础上，精准推测客户需求，不断完善用户画像，以满足客户差异性需求，实现客户服务的个性化目标。大数据个性化特征显著提高用户黏性及企业影响力。

7.1.2.3　保障机制

数字赋能制造企业价值共创体系提升价值创造能力的保障措施主要有资源共享机制、协同发展机制、协同治理机制、利益联结机制。

第一，资源共享机制。资源保障不同于传统管理学意义的资源概念，这里的资源还包括数字基础设施和数字技术等资源。制造企业价值共创体系的平稳运行离不开各种资源的支撑，首先，制造企业价值共创体系需要开放、共享的产品服务资源信息网络作为支撑。这就需要推进信息共享制度建设，通过构建一体化公共数据平台达到数据在价值共创者之间自由流动、交换与共享。其次，优化体系结构，在防止权威企业垄断的同时，构建双向互动的资源，并进行资源整合，以便更好地共享资源。最后，通过建设多维数据智库，对数据进行精准化管理，充分利用数据、资料等的系统管理，实现资源整合与利用。

第二，协同发展机制。制造企业价值共创体系是在全社会领域构建的广大价值共创者、客户共同组成的系统。要协同发展必须具备相应的系统协同发展机制。充分发挥政府、核心企业在制造企业价值共创体系协同发展中的作用至关重要。首先，强化体系中核心企业的作用，核心企业可以引领体系做大做强。充分发挥政府的组织作用，利用政府公信力，协调各价值共创者之间的关系。其次，凝聚体系各成员的共识。再次，充分发挥社会价值共创者和客户的作用，调动其参与体系进行产品设计、生产和服务的积极性，并加强企业与其的互动，实现多主体协同发展。

第三，协同治理机制。制造企业价值共创体系是一个复杂巨系统，具有复杂系统熵增特性，必须通过外力进行作用才能达到系统的动态平衡，所以系统演化过程中社会规范、制度起着非常重要的作用，尤其是法律规制作为制造企业价值共创体系正向发展的基本制度约束。因此，首先需要在全社会推进依法治理，更需要引入监督和惩处机制，加强治理机制的保障。此外，要健全个人隐私信息和企业信息保护，在全社会形成大家公认的隐形规则，实施体系自治也同样发挥着重要的作用。

第四，利益联结机制。在制造企业价值共创体系中，存在客户、价值共创者、企业、联盟组织、社会服务机构等多种主体，合理协调其关系成为系统运行成功的关键，不同主体的权利和责任不同，带来了利益的平衡问题。只有合理平衡多主体的利益关系，才能有效地进行良性发展。首先，需要赋予各方平等交流的权利，合理诉求自身利益。在兼顾每个主体利益的同时要确保系统整体目标和利益。其次，提供畅通的诉求渠道。形成多元主体无障碍沟通的交流机制。再次，量化各方的利益和成本，平衡各方利益诉求。最后，当存在矛盾时，可引入第三方协调机制。

7.2 基于体系价值创造能力构成要素角度的提升策略

我国制造企业价值创造能力不足首先来源于自身没有建立完善的企业价值共创体系，其价值创造能力还局限于企业边界之内。因此，提升其价值创造能力首先要加强制造企业价值共创体系建设。

通过对制造企业价值共创体系的价值创造能力涌现的实证分析可知，制造企业价值共创体系注重提升五种重要的单元级价值创造能力，来促进体系价值创造能力的提升，基于价值创造能力构成要素的角度，从提升单元级价值创造能力提出对策。

7.2.1 加强制造企业价值共创体系建设

在超越企业实体边界的更广泛空间建立企业价值共创体系是我国制造企业获得价值创造能力的基础和保障。下面通过四个方面提出加强我国制造企业价值共创体系建设的建议：

7.2.1.1 转变思维方式

环境的巨变要求企业转变思维方式。如今的企业生存在虚实交错的互联网和现实世界两个空间。企业生存环境要考虑在两个世界里建立竞争优势。信息技术及制造技术的革命需要我们对环境重新加以认识，以前制造企业应用的技术可能被新的材料技术取代。以往制造企业同行的模仿者如今转变成新商业模式的创新者。制造企业的顾客可能从产品购买者、外行人转变为产品的设计者、内行人。以前的制造企业代理商、采购商转变成企业价值共创体系的管理者。制造市场也出现了新的格局：顾客的需求多元化、产品市场细分、渠道多元化等。制造企业的员工集结了大量"80后、90后"成员，他们有全新的价值观、行为模式和生活方式。这些变化要求制造企业必须转变观念，在新的市场格局中识别机会，建立制造企业自己的价值共创体系，制造企业的竞争力不再是企业内部的资源和能力，而是企业能在多广的范围内建立新的资源和能力，迎合外部机会创造价值的能力[163]。所以，我国制造企业要重构企业认知，去认知未来而不是传承经验，树立利他的经营理念、理解顾客需求、寻求数字世界与现实世界的关联，了解企业与顾客的关联，关注技术的变化，在更广阔的空间里建立价值创造能力应对环境不确定性的挑战。

7.2.1.2 增强制造企业的核心能力

我国制造企业价值创造能力不足的一个重要原因是其没有能力建立企业价值共创体系。导致这一现象的根本原因是企业核心能力不足，无法取得更广泛空间价值创造主体的认同。尤其是我国制造企业普遍存在高端技术创新能力不足的问题，部分制造企业所用技术和材料严重受国外企业制约从而无法把握市场主动权，因此，也无法培育企业价值共创体系的可持续价值创造能力。企业价值共创体系是体系成员核心能力的资源整合体。具有核心能力的企业才能成为体系的价值共创成员，在体系内成员只需关注自身核心能力，将自己不擅长的部分交给体系内其他在相关方面具有优势的成员去做。所以，企业要想长久地靠企业价值共创体系发展自身必须要具备核心能力。

7.2.1.3 建立高效、安全的信息网络

我国制造企业价值共创体系的价值创造能力较高的企业均表现出优于其他同类企业的信息化能力。所以，树立全维一体化的信息观，建立高效一体化的信息平台是维持并保障企业价值共创体系运行的有力手段。我国制造企业应利用信息技术建立电子价值网，所有企业价值共创体系成员均实现电子化并通过平台自动连接到电子交易市场上。成员之间实现电子化管理和交易。通过建立电子价值网可以对体系流程再造、更新体系成员、组建动态网络化组织，从而构建制造企业核心竞争力，甚至改变产业组织结构和行业竞争方式，构建新的竞争格局。

制造企业价值共创体系以信息网络为依托，通过柔性制造系统、大数据和云计算等计算机制造技术和灵活的生产体系实现价值创造。企业应重视数据在价值共创体系运营和管理中的作用，实现体系所需的信息和知识的共享，从而达到体系内成员间的能力互补。以信息网络为体系提供全新的体系运作系统。在整个体系内使用标准化的数据信息，使体系成员能够轻松在信息平台上运营。

7.2.1.4 建立新型组织模式

从体系价值创造能力的结果看，能力较低的制造企业存在的共同问题之一是企业管理理念落后，组织模式层级化、官僚化严重，无法适应价值共创模式的要求。企业价值共创体系要适应不断变化的外界市场环境，就需要构建反应灵敏、支持体系复杂价值创造活动的互联网式组织模式。互联网式组织模式以研发、生产、营销、服务一体化的中小规模组织为基本单位，独立处理各自的细分市场。组织中的成员部门界限模糊、目标明确、

在组织中具有明确的角色定位和责任，成员直接面对顾客和公司总体目标发挥协作优势。互联网式组织模式是一个复杂的自适应式体系。组织设计理念是以人为本、学无止境、持续创新，目标是适应环境、为顾客创造价值的同时获得盈利。互联网式组织模式是以信息流引领，支持体系内各价值创造模块运行的平台，互联网式组织模式每个价值创造模块都是小型的自治团队，具有足够的灵活性和自主权利按体系设计的价值创造模式自由为客户提供生产或服务，模块之间是松耦合关系，体系中的权利不来自控制，而来自对顾客和环境的影响力[164]。

7.2.2 培育制造企业价值共创体系单元级价值创造能力

由对我国制造企业价值共创体系的价值创造能力理论研究可知，制造企业价值共创体系的价值创造能力是各种单元能力协同涌现的结果。企业价值创造模式设计能力、指挥决策能力、资源配置能力、快速反应能力和精准生产能力是对企业价值共创体系整体价值创造能力起重要支配作用的能力，认清这些能力，在更开放和动态的体系空间中着重塑造这些能力可以获得企业竞争优势，实现可持续的发展。

7.2.2.1 培育制造企业价值共创体系的价值创造模式设计能力

制造企业应建立情报探测及分析系统，将虚拟世界和现实世界通过互联网平台打通，实现生产方式与价值创造模式线上线下的无缝对接。通过产品社群、领先用户、互联网媒体收集战略情报，重点收集和分析客户需求、市场动态环境、竞争对手战略动态、战略能力与绩效信息，识别和分析企业优势能力。利用大数据和云平台分析整合数据，感知和预测顾客真实需求，发挥体系成员的群体智慧共同设计价值创造模式，利用物联网技术实现企业价值共创体系的智能化控制，实现定制化与大规模生产的完美结合，实现体系内成员全程参与的智能化生产。

7.2.2.2 培育制造企业价值共创体系的指挥决策能力和资源配置能力

制造企业首先要面向市场对价值共创体系的价值流程进行设计和优化，

体系的网络组织结构要能够支撑整个流程，建立体系成员多样的参与价值共创方式，例如合资经营、虚拟合作、供应式等。要构建信任、责任、团结的体系文化。制造企业要能够在价值共创体系中站在系统的角度准确定位，聚焦于核心能力与技术，掌握价值要素在体系中的分布，按照彼此互补的原则添加体系成员，对体系网络进行整体设计和管理。根据市场需求变化快速地进行体系的重构与调整，共同挖掘和满足市场需求，形成价值共创体系从产品开发、原料采购、模块化生产、物流配送等全方位的一体化资源配置能力。建立信任机制；对参与价值共创体系的成员正确地评估、合理地选择；建立内部信任评审体系；加强成员间的沟通与交流和跨文化管理；建立公平的利益分配机制等网络治理机制；通过电子价值网与体系内成员紧密联系、共同学习、进行高效率的沟通，提升制造企业在体系中的决策能力。

7.2.2.3 培育制造企业价值共创体系的快速反应能力和精准生产能力

我国制造企业应建立一个具有智能实时感知客户需求、环境变动、适应环境变化的动态系统。体系各相关部门通过感知、人机交互、信息平台等方式协同组织、共同决策，以满足用户个性化需求为目标，将整个价值链上、中、下游集成起来组成一个资源池，在人、机、物、环境协同运行模式下，按需提供个性化产品和服务。企业价值共创体系的生产模式以通信安全为前提运行，通过物联网和虚拟化技术，将人、机、物、环境等抽象成网络节点，围绕客户需求匹配相关网络节点，动态响应市场需求，自主组合制造资源进行决策，精准执行和反馈完成全生命周期制造服务。企业各部门之间界限模糊，"数据-信息-知识-智慧-产品"在各部门间通过感知、识别，不间断流通为共同目标互相协作，实现部门间互利共赢。同时，并行化程度更高的制造过程还可以大幅度缩短产品制造周期。企业价值共创体系的生产模式将制造体系的所有智能感知系统、数据分析系统、通信联络系统、智慧控制系统和制造生产系统，组成一个以计算机为中心的信息网络体系，企业制造主体单元利用该网络体系了解客户需求及商业系统态势、交流生产制造信息，实施制造行动的制造样式。企业价值共创体系的生产模式要实行泛在感知条件下的制造，通过信息系统和物理系统的融合，将传感器、感应器等嵌入制造物理环境中，通过状态感知、实时分析、人机交互、自主决策、精准执行和反馈，实现企业管理及服务的智能化生产方式[165]。

7.2.2.4　打造协同能力

部分制造企业因为三个系统的十种单元能力非均衡发展导致其体系的整体价值创造能力较低，只有十种单元能力协调发展才能提升体系整体的价值创造能力。体系的复杂性源于各组成部分的相互影响，一个体系要素的变化会引发整个体系的连锁反应，所以，必须从体系整体出发，创设体系能力涌现的环境与条件。企业要使体系涌现结果向预期的方向发展需要制定合理的管理对策和政策措施。首先，管理者要把握体系的动态变化趋势，选择具有资源优势和核心能力互补的价值创造参与者。其次，优化体系结构，要注意设计体系的结构、价值创造单元的性能和连接方式，这些结构的设计会直接影响体系价值创造能力的形成。可利用云计算等信息技术构建体系管理平台，建立基础设施，建立完善的价值情报探测及分析系统，协调控制系统和协同生产系统，促进各系统间融合发展。促进体系内人、机、物深度交流与合作。注重培育新思想，保证体系开放稳定、信息畅通。最后，提供有利于体系发展的环境，包括合理的体系治理机制、收益分配机制、开放创新的文化、平等合作的氛围，使价值共创主体获得自我实现的满足感，倾力为体系贡献智慧，实现整个体系的协同发展。

7.3　基于体系价值创造能力影响因素角度的提升策略

通过对制造企业价值共创体系的价值创造能力的演化和涌现过程的实证分析可知，加大影响因素即体系结构和体系内外环境对体系价值创造能力的影响作用，会促进价值创造能力的提升。所以，基于价值创造能力影响因素的角度，从完善制造企业价值共创体系结构和改善体系内外环境两个方面提出对策。

7.3.1　完善制造企业价值共创体系结构

我国制造企业价值共创体系的结构分析和价值创造能力涌现分析，充分说明了制造企业价值共创体系的结构决定了其价值创造能力。新型体系结构应具有纵向到底、横向到边；可动态重构、灵活适应并具有抗毁性等特征。要具备"即插即用、柔性重组、协同运用、按需服务"等新的体系能力要求。所以，从体系结构的视角，应从建设灵活适应的价值创造节点和完善节点关系网络两个方面增强我国制造企业价值共创体系的价值创造能力。

7.3.1.1　建设灵活适应的价值创造节点

由我国制造企业价值共创体系的涌现机理分析可知，企业价值共创体系的价值创造单元是体系涌现的基础元素，价值创造单元的功能和布局制约体系的价值创造能力的生成。制造企业应该建立起功能互补、灵活组合、相互协作、主动适应、行动一致的节点体系，保证制造企业价值共创体系形成优质的价值创造能力。

第一，注重节点的整体部署。

首先，合理配置各个功能的节点，形成具有体系要求的价值情报探测及分析、协调控制、协同生产等功能的节点，在选择节点的时候，不仅要注意其能力与其他节点能力互补，而且要注意节点的布局。其次，注重建设节点的信息融合功能。节点之间以信息为纽带将企业所需的商业情报、协调控制、决策等信息进行融合共享，将体系各个系统、子系统、价值创造单元融会贯通，达成整个体系的一体化部署。最后，制造企业应注重完善企业自身的基础设施建设，保证企业内的价值创造节点对体系整体的支撑作用。

第二，加强成员选择和能力建设。

顾客多样化、个性化的需求要求制造企业价值共创体系能够灵活组合价值创造节点，满足顾客的需求。所以需要各种能够满足价值创造功能的节点，节点的多样化和特色化能够更有力地应对不同的价值创造任务。针对不同的顾客需求，制造企业应进行价值创造能力需求分析，科学组合价值情报获取、处理节点，协调控制节点、生产响应、执行节点，并根据需求确定合理的规模。

制造企业价值共创体系成员的选择对完善体系结构起到至关重要的作用。研究发现价值创造能力强的制造企业都包含众多核心能力各异、资源优势互补的体系节点。所以，在选择体系成员时注意以下三点：首先，要考虑体系整体的价值创造过程安排，兼顾价值流转中上游节点和下游节点。其次，注重与高校、科研院所的技术合作，形成以技术与资本为纽带结合紧密的价值创造体系。同时，要放眼世界，积极寻求与国外高校和科研团体的合作，以不断扩大体系的创新能力。最后，要建立中介服务机构。制造企业要积极寻求体系的服务支撑，如提供支持条件、科技服务与咨询等。

第三，加强节点的动态适应性。

复杂多变的超竞争环境要求各节点增强自适应性和柔性，成为智能化的主体，以适应新的价值创造需求。首先，节点要在学习中增强适应性。学习能力的提高会使节点能够根据不同的价值创造任务需求变化，优化体系结构，灵活运用企业价值创造模式，在进行生产或服务的过程中积累经验，不断提高价值创造能力。其次，节点要在动态中聚优。制造企业要能够根据顾客的特定需求，动态地组合节点，满足随时变化的价值创造任务。最后，应改变传统自上而下的控制模式，根据不同的产品或服务需求将最合适的节点，以最快和最合适的方式布置在体系之中，注重各节点在生产或服务中的适应性。

7.3.1.2 完善节点关系网络

从系统观视角看，企业价值共创体系功能的形成离不开体系的要素即节点，更离不开要素之间的关系。不存在关联的要素无法完成任何的系统功能。我国制造企业应以信息平台为支撑，构建连接顺畅的节点关系网络，重塑价值创造能力，打造满足体系需求的网络，实现体系的价值创造功能。

第一，注重体系成长。

企业价值共创体系价值创造能力的涌现是体系内众多节点通过集聚效应形成的。体系网络需要不断更新、动态发展。所以，首先制造企业应强化价值共创体系的兼容性和扩展性，吸纳更多的价值创造节点加入体系，确保在需要新能力时，新节点能够随时进入体系、得到体系的支持，享受体系的服务。其次，应培育体系新的增长点。通过增加节点和节点间连接，增强体系整体的价值创造能力，应注重情报探测、协调控制、精准生产等能力的建设，通过完善体系结构支撑体系价值创造能力的聚变。

第二，促成优先连接。

在企业价值共创体系网络中，一些节点具有重要的地位，对体系的价值创造能力的形成及提升起着关键性作用，这些节点是优先连接的关键。制造企业要主动服务，确保节点在体系中发挥应有的作用。制造企业需要加强沟通与交流，确保体系内关键节点的有效连接、有效交互。

第三，强化互通协作。

当体系内所有节点实现功能互补时，体系将处于稳定状态。所以，我国制造企业应将全部不同功能的节点连接、聚类成网，达到全面、开放的共享协作，实现体系的价值创造能力。制造企业应按照体系节点自由式互联的要求，以科学的结构链规范信息链，以信息链支撑价值链，构建纵向衔接、横向一体的网络连接，使同级的单元有效地互联，实现节点之间的协同。制造企业还需要考虑各节点之间的功能耦合问题，应根据各节点在价值创造过程中的不同作用，统一战略、生产流程要求等，科学设计功能模块，规范体系价值流转方向，有序连接、合理集成，实现体系的价值创造任务。

第四，优化体系信息链路。

企业价值共创体系价值创造流程的构建是优化体系运行，提高价值创造能力的关键。架构起情报分析与共享价值流、协调控制价值流、协同生产价值流的并行流动、高度融合是提高体系价值创造能力的关键。首先，精简情报分析与共享信息流，建立贯通体系三个系统的信息链路，畅通沟通整个体系的价值流转环，确保信息流的高效流动。其次，依托信息系统构建的体系控制平台，缩短价值创造时间，提高体系控制效能。最后，构建体系全流程把控的整体联动网络。最大限度高效衔接各价值创造单元、子系统、系统，紧密联系各组分，实现弹性专精的价值创造要求。

7.3.2　改善制造企业价值共创体系内外环境

7.3.2.1　优化体系内部环境

通过第 5 章制造企业价值共创体系的价值创造能力涌现的影响因素分析可知，体系整体的价值创造能力受体系内环境的影响。复杂性科学认为，简单规则能够管理、演绎复杂系统，体系宏观功能的涌现是微观规则机制调整的结果。所以，培育体系内部良好的环境、建立适合体系发展的运行机制对提升体系价值创造能力具有重要的意义。

第一，建立整体抗毁性机制。

制造企业价值创造体系结构研究表明，体系结构具有脆弱性的一面。当关键节点遭到破坏的时候，会引发体系的"蝴蝶效应"，导致体系整体瘫痪。在价值创造过程中，当节点被破坏，关系断裂、体系整体遭到破坏的时候，必须要找到引起体系脆弱的因素，提高体系的鲁棒性，确保在要素丧失功能时，体系仍能够维系价值创造能力。首先，建立体系风险防控机制，确保体系在发生系统性风险时及时预警。其次，体系应保护重要节点。体系的重要节点对于体系有"牵一发而动全身"的作用。因此，既要综合采取各种防护措施，又要避免对其过度依赖。最后，建设具有重要节点替代功能的节点。通过对节点的适当备份，增强系统的冗余度。以避免重要节点功能丧失，保持体系能够自我修复。

第二，建立基于信任的契约体系。

部分制造企业价值共创体系的价值创造能力较低的主要原因是体系的协调控制系统能力不足，究其原因主要是体系内成员缺乏信任和良好的体系运行机制，尤其是合作机制、利益分配机制和考评与激励机制。制造企业价值共创体系的建立和运转需要建立契约体系来保证，主要包括：企业价值共创体系守则、制度、利益分配方法，矛盾纠纷仲裁办法，具体产品服务协议，知识产权保护等。契约是保证体系顺利运行的组织手段，但是它同时也隐藏道德风险，所以，体系成员间的相互信任更是建立企业价值共创体系的基础。体系成员之间应建立更为亲密的社会网络来维系体系成员关系，增加沟通与交流，增强信任度。

7.3.2.2　优化体系外部环境

第一，加大政府扶持力度。

加大政府扶持力度从保护制造企业自主知识产权、优化营商环境和实施优惠的财政、税收、金融政策三个方面着手。

保护制造企业自主知识产权。知识产权是制造企业建立体系能力的最重要资源，它是制造企业可持续价值创造能力的保证。一些发达国家早就建立了知识产权制度、法律、法规。而目前，针对我国制造企业制定的法律法规还不多。由于制造企业涉及国家水安全、环保产业、能源产业等，因此，制造企业拥有的知识产权关系到国家安全。可见，政府要注重加强对制造企业价值共创体系的知识产权保护力度，吸收发达国家知识产权保护经验，为我国制造企业价值创造能力的提升提供良好的环境。

优化营商环境。研究表明，价值创造能力高的制造企业所在地区的发展环境优于其他地区。所以，各地区政府应优化政府营商环境、创新环境对制造企业研发的支持力度、制造行业人才的优待力度、制造企业创新的扶持力度。政府应建立制造企业价值共创体系的保障机制。政府应制定适合体系绿色、可持续发展的长期战略和绿色价值共创体系的具体实施举措，创新政策法律法规体系，形成绿色价值共创体系有序发展的保障机制。政府应制定制造产业发展规划。就制造产业和企业相关的法律法规、产权保护、可持续发展等公共政策制定相关文件，尤其制定制造行业国家标准。政府一方面要引领制造行业发展，制定产业技术发展战略，引导制造企业优化产业结构，提升产业竞争力；另一方面，要制定长期发展规划，引导制造企业快速发展。实施集群化战略，促进产业内分工协作。强化产业内企业的合作意愿，形成分工协作的产业网络体系，避免过度竞争和重复建设，发挥协同效应。

实施优惠的财政、税收、金融政策。财政方面，政府应将制造产业的科技投入作为国家预算中的一部分，加快制造企业价值共创体系引进先进资源。税收方面，可以以税额减免、出口退税等方式对其进行税收优惠。金融政策方面，政府应该支持银行对战略新兴行业性质的制造企业获得金融支持，形成完备的融资渠道。政府应加快建立和完善风险投资机制，完善资本市场。鼓励各种渠道投资制造企业。完善风险投资发展的政策环境，建立风险投资业的法律支持环境等。

第二，发挥市场促进作用。

发挥市场促进作用从完善市场经济体系、充分挖掘用户需求、积极开拓海外市场三个方面着手。

①完善制造行业市场经济体制。我国制造企业存在地域发展不均衡现象。此现象的一个重要原因是地域的市场经济体制和政府对企业的支持力度存在巨大差别。在健全的市场体制下，制造企业可充分选择价值共创体系成员，发挥经济主导作用。所以，政府应该引领成熟的管理咨询公司、科研机构、高校、金融企业、销售公司与我国制造企业一同建立具有国际竞争力的中国制造企业价值共创体系。政府应以法律效力保护广泛认可的价值共创体系组织协议，鼓励和支持中国制造行业协会发挥作用，搭建平台支持各节点之间建立企业价值共创体系。

②挖掘客户需求。客户需求是建立我国制造企业价值共创体系的根源和目的。现有和潜在的客户需求能够拉动制造企业的价值创造能力，隐性需求可以为制造企业可持续价值创造能力提供动力。充分挖掘客户需求对体系能力的提升起到至关重要的作用。所以，政府应和我国制造行业协会一道建立行业发展的信息交流平台，定期发布及时准确的国际制造产业和企业发展动态，准确了解全球制造产业动态和发展趋势，及时捕捉客户信息。

③开拓海外市场。近年来，我国制造企业发展迅猛，许多制造企业的

产品销往欧美、日本等国家。"一带一路"倡议的实施为制造企业的发展提供了新的便利条件，我国制造企业应积极拓展海外市场，在更广阔的空间寻求企业的发展。

第三，加快技术推动速度。

加快技术推动速度要加快技术升级程度、加快制造行业协会对技术应用领域的引导与拉动。

随着各国对制造产业的重视，全球制造产业发展迅猛。这种趋势导致我国中低端制造市场逐步饱和。目前，我国制造产业正面临着产能过剩、产业技术升级缓慢等问题。为了提升我国制造企业在国际同行中的地位，就需要突破关键技术、加快技术转型、大力发展高端创新。而高端创新水平的升级源于体系的高端技术创新。所以，加快体系的技术升级程度能够带动体系价值创造能力的提升。

制造行业协会应发挥对行业规划发展的职能，提高外部资源获取和配置能力。组织制造产业内企业参加先进技术的培训，设计整个制造行业的技术规范和标准，提高制造行业整体的技术和管理水平，加强制造行业协会的中介组织作用，实现制造企业的产、学、研、政高效对接，发挥企业与政府的桥梁作用。拓展制造企业价值共创网络，实现制造企业价值共创体系与全球网络的连接，增强制造企业价值共创体系的协同能力。

7.4　本章小结

本章在前文理论与实证分析的基础上，以促进我国制造企业价值共创体系的价值创造能力的涌现，快速提升制造企业的价值创造能力为目的，结合我国制造企业价值共创体系的发展情况和数字技术对制造企业价值共创体系价值创造能力的影响。以大数据为例，构建数字赋能提升制造企业价值共创体系价值创造能力模型，提出了制造企业价值共创体系价值创造能力的提升机制，主要包括组织机制、运行机制与保障机制。保障机制中重点分析资源共享、协同发展、协同治理、利益联结四种机制。基于体系价值创造能力构成要素角度，分别从加强制造企业的价值共创体系建设和培育制造企业价值共创体系的五种重要的单元级价值创造能力两个方面提出对策建议；基于体系价值创造能力影响因素角度，分别从完善制造企业价值共创体系的结构和改善体系内外环境两个方面提出对策建议。通过以上对策建议研究，以期为我国制造企业的发展提供决策依据。

8

结　论

8.1　主要结论

第一，企业价值共创体系是以满足客户个性化需求为目标，以全社会领域价值共创为组织形式，在共同的价值理念和有效的网络治理机制下建立的为企业和客户创造价值的复杂的具有命运共同体特征的体系。企业价值共创体系是复杂大系统，具有体系特征。它的特征主要包括开放性和柔性、有序性、合作性、演化性和涌现性等。体系的最高功能是价值创造。

第二，制造企业价值共创体系是由三个系统耦合构成的更大的系统，即体系。制造企业价值共创体系包括价值情报探测及分析系统、协调控制系统、协同生产系统。制造企业价值共创体系的结构决定了它的功能和结构特性。

第三，我国制造企业价值共创体系价值创造能力系统具有三阶十维结构。三阶包括：体系级价值创造能力、系统级价值创造能力、单元级价值创造能力。体系级价值创造能力由三个系统级价值创造能力构成，包括价值情报探测及分析系统能力、协调控制系统能力、协同生产系统能力。价值情报探测及分析系统能力由价值情报感知融合能力、顾客价值主张识别能力、价值创造模式设计能力三种单元能力构成；协调控制系统能力由指挥决策能力、生产网络控制能力、资源配置能力、绩效考核能力四种单元级价值创造能力构成；协同生产系统能力由快速反应能力、精准生产能力、价值分配与获取能力三种单元级价值创造能力构成。

第四，制造企业价值共创体系的价值创造能力的本质是体系涌现的结果，具有"1+1>2"的效应，体系的结构和体系所处的环境影响了体系价值创造能力的涌现。体系的价值创造能力由单元级价值创造能力经系统级价值创造能力层层聚合而成，并可通过单元级价值创造能力的非线性聚合关系式加以表达。影响体系价值创造能力涌现的五种重要的单元级价值创造能力分别是价值创造模式设计能力、指挥决策能力、资源配置能力、快速反应能力和精准生产能力。影响体系单元级价值创造能力的主要因素为：单元自身作用、单元相互作用、体系内环境的影响作用和体系外环境的影响作用。

第五，基于涌现原理构建的制造企业价值共创体系的价值创造能力评价指标体系包括继承性涌现和非继承性涌现两类指标。利用因子分析模型可将体系的价值创造能力指标缩减为两个因子，即体系基本的价值创造能力和体系可持续价值创造能力。通过对我国某高新技术行业内213家制造企业价值共创体系的价值创造能力的评价发现，我国该行业内的制造企业价值共创体系的价值创造能力整体处于中等略好水平。但是，不同地区、不同行业、制造企业所在不同业务领域等不同分类的企业价值共创体系的价值创造能力之间存在差异。价值创造能力不足的主要原因是体系的结构不完善，体系包含的系统及子系统所具有的价值创造能力不足，他们之间的耦合程度不高等。

第六，从组织机制、运行机制和保障机制三个方面提出制造企业价值共创体系的价值创造能力提升机制。从体系的价值创造能力构成要素角度以及价值创造能力影响因素角度两个涌现驱动因素方面，提出提升我国制造企业价值共创体系的价值创造能力的对策，即加强我国制造企业的价值共创体系建设、培育和提升单元级价值创造能力、完善体系结构和改善体系内外环境。

8.2　有待进一步研究的问题

尽管本书按预期完成了全部研究工作，也得出了一些有益的研究结论，但是由于能力和水平的限制，研究工作仍有一些不足之处，有待于在未来的研究工作中进一步完善。

第一，受调研条件的限制，本书实证部分的调研工作只获得了213家制造企业的样本数据，由于所考察的样本数量略小，使调研所得数据的效度还有待提高，在实地取样过程中还存在抽样范围、问卷数据量和问卷发放方式等方面的不足。未来将提高研究效度，对构建的企业价值共创体系价值创造能力模型的信度和效度进行大样本检验，提升验证的科学性和严谨性。

第二，制造企业价值共创体系的涌现机理研究虽然揭示了企业价值共创体系的价值创造能力的形成机理，但是其影响因素及其相互协同、各种单元能力之间的作用关系及其对体系的价值创造能力的影响机理还有待于深入研究。

第三，本书构建的具有层级结构的制造企业价值共创体系超网络模型降低了网络研究的复杂性。超网络模型不仅能够揭示企业价值共创体系的复杂网络特征，更能够通过模型进行更深入的分析。设计的每个层级的功能子网中只含有一类节点（如协调控制节点），边也同时具有相同的类型，可以采用传统的复杂网络分析方法单独研究局部各子网络的结构及演化规律等并可根据超边、价值流转环来研究跨网的价值创造过程；可根据实际应用情况的特点设计价值创造因素，灵活地添加不同类型的节点和节点关系（通过节点、超边和关联的操作可实现）构建超网络模型，使研究更为灵活；可利用超网络理论中的优化理论、博弈论、变分不等式等数学工具来研究企业价值共创体系设计、优化和效能评估；可利用超边构建价值流转环，建立体系价值创造同步模型，通过自同步测量，度量体系的同步动态演化效果等。未来对模型将进行更深入的研究。这些研究将是后续研究的主要内容。

第四，扩展超网络研究方法的适用范围。价值共创体系涌现的超网络研究方法不仅适用于企业价值共创体系，也适用于网络型组织或其他复杂巨系统涌现现象的研究，特别是类似价值生态系统这种更大系统的涌现现象。可结合具体研究对象分析建模。本书中企业价值共创体系的涌现模型假设各影响因素在演化期间不随环境的变化而变化，所以，对体系的动态性考虑不足。因此，下一步将结合企业价值共创体系的动态性和自适应性，进一步细分企业价值创造单元能力的影响因素，深入研究企业价值共创体系价值创造能力涌现机理模型，使研究更符合企业实际情况。

参考文献

［1］Normann R, Ramirez R. From Value Chain to Value Constellation: Designing Interactive Strategy ［J］. Harvard Business Review, 1993, 71（4）: 65-77.

［2］陈劲, 李飞. 基于生态系统理论的我国国家技术创新体系构建与评估分析 ［J］. 自然辩证法通讯, 2011, 33（1）: 61-66.

［3］朱树婷. 企业间信息系统能力的价值创造机理研究 ［D］. 南京: 东南大学博士学位论文, 2016.

［4］林润辉, 李维安. 网络组织——更具环境适应能力的新型组织模式 ［J］. 南开管理评论, 2000, 3（3）: 4-7.

［5］李维安, 林润辉, 范建红. 网络治理研究前沿与述评 ［J］. 南开管理评论, 2014, 17（5）: 42-53.

［6］王凤彬. 供应链网络组织与竞争优势 ［M］. 北京: 中国人民大学出版社, 2006.

［7］［美］拉里·博西迪, 拉姆·查兰. 转型: 用对策略, 做对事 ［M］. 曹建海, 译. 北京: 中信出版社, 2005.

［8］Holm D B, Eriksson K, Johanson J. Creating Value Through Mutual Commitment to Business Network Relationships ［J］. Strategic Management Journal, 1999, 20（5）: 467-486.

［9］Allee V, Schwabe O, Babb M K. Value Networks and the True Nature of Collaboration ［M］. Tampa: Meghan-Kiffer Press, 2015: 236-238.

［10］Moore J F. Business Ecosystems and the View from the Firm ［J］.

Antitrust Bull, 2006, 51 (1): 31-75.

[11] Chesbrough H. Open Business Models: How to Thrive in the New Innovation Landscape [M]. Boston: Harvard Business School Press, 2006: 665-670.

[12] 袁青燕. 价值网的竞争优势形成机理研究 [D]. 南昌: 江西财经大学博士学位论文, 2013.

[13] Porter M. Competitive Advantage [M]. New York: The Free Press, 1985: 345-347.

[14] [美] 亚德里安·斯莱沃斯基, 大卫·莫里森, 劳伦斯·艾伯茨, 等. 发现利润区 [M]. 凌晓东, 等译. 北京: 中信出版社, 2007.

[15] Nalebuff B, Brandenburger A, Maulana A. Co-opetition [M]. London: Harper Collins Business, 1996: 233-235.

[16] [美] 大卫·波维特, 约瑟夫·玛撒, R. 柯克·克雷默. 价值网——打破供应链 挖掘隐利润 [M]. 仲伟俊, 钟德强, 胡汉辉, 译. 北京: 人民邮电出版社, 2001.

[17] Kathandaraman P, Wilson D T. The Future of Competition: Value-Creating Networks [J]. Industrial Marketing Management, 2001 (30): 379-389.

[18] Grainer R, Metes G. Has Outsourcing Gone Too Far [J]. Business Week, 1996, 4 (1): 28.

[19] 闫晓萌. 基于价值网理论的视频网站商业模式研究 [D]. 保定: 河北大学硕士学位论文, 2017.

[20] 李垣, 刘益. 基于价值创造的价值网络管理 (Ⅰ): 特点与形成 [J]. 管理工程学报, 2001, 15 (4): 38-41.

[21] 吴海平, 宣国良. 价值网络的本质及其竞争优势 [J]. 经济管理, 2004 (24): 11-17.

[22] 迟晓英, 宣国良. 价值链研究发展综述 [J]. 外国经济与管理, 2000 (1): 25-30.

[23] 苟昂, 廖飞. 基于组织模块化的价值网研究 [J]. 中国工业经济,

2005（2）：66-72.

　　[24] 胡大力. 基于价值网模型的企业竞争战略研究 [J]. 中国工业经济，2006（9）：87-93.

　　[25] 林润辉. 网络组织与企业高成长 [M]. 天津：南开大学出版社，2004.

　　[26] Brandenburger N. Managing Reuse in Manufacturing System Modeling and Design：A Value Net Approach [J]. Computer Integrated Manufacturing，2004，17（3）：185-194.

　　[27] 赵春明. 虚拟企业 [M]. 杭州：浙江人民出版社，1999：139-141.

　　[28] 刘建花. 基于无标度网络的价值网竞争优势的影响因素及治理机制研究 [D]. 重庆：重庆大学硕士学位论文，2012.

　　[29] 明新国. 工业产品服务价值创造 [M]. 北京：机械工业出版社，2015.

　　[30] 宋学锋. 复杂性、复杂系统与复杂性科学 [J]. 中国科学基金，2003，17（5）：262-269.

　　[31] 张琳玲，可星，刘钊. 基于 CAS 理论的企业创新系统涌现机理探析 [J]. 中国商贸，2013（22）：96-97.

　　[32] 张智勇，何景师，桂寿平，等. 物流产业集群服务创新研究——基于复杂系统涌现性机理 [J]. 科技进步与对策，2009，26（3）：75-77.

　　[33] 尤利平. 基于涌现性的物流产业集群服务创新机制研究 [J]. 物流技术，2014，33（9）：75-77.

　　[34] 张昊一. 基于涌现性的我国传统产业持续创新能力研究 [D]. 哈尔滨：哈尔滨工程大学博士学位论文，2012.

　　[35] 胡杨. 论产学研合作创新的涌现机理 [J]. 科学与管理，2015，35（5）：18-22.

　　[36] 谷鑫，郑绍钰. 战略性新兴产业创新集群的涌现性分析 [J]. 企业改革与管理，2017（18）：3.

〔37〕乔利利. 核心能力生成机理——基于"涌现现象"的理论框架〔J〕.
辽宁工程技术大学学报（社会科学版），2014，16（4）：388-391.

〔38〕韩凤晶，陈俊宏. 论高端装备制造业企业动态核心能力的涌现性
〔J〕. 学术交流，2016（9）：135-140.

〔39〕金杰，金福. 基于组织视角的知识涌现系统受限模型〔J〕. 企业
改革与管理，2018（2）：6-8.

〔40〕李劲，肖人彬. 涌现计算综述〔J〕. 复杂系统与复杂性科学，
2015，12（4）：1-13.

〔41〕王蒙. 集群行为与合作行为涌现的元胞自动机模型〔D〕. 兰州：
西北民族大学硕士学位论文，2012.

〔42〕刘媛华. 企业集群合作创新涌现的动力模型研究〔J〕. 科学学研
究，2012，30（9）：1416-1420.

〔43〕武鑫喆. 基于多 Agent 的供应链涌现机制建模与仿真〔D〕. 北京：
北京航空航天大学硕士学位论文，2015.

〔44〕霍传冰，韩政，可星. 生物制药产业技术创新能力系统演化的遗
传算法模型与仿真研究〔J〕. 科技管理研究，2017，37（6）：118-126.

〔45〕贺小格. 组织系统质涌现研究〔D〕. 广州：暨南大学博士学位论
文，2014.

〔46〕别晓竹，侯光明. 企业价值创造能力分析框架研究〔J〕. 商业时
代，2005（29）：24-25.

〔47〕傅俊元，丁慧平. 基于价值创造能力提升的建筑业企业价值网构
建〔J〕. 生产力研究，2007（7）：113-115.

〔48〕王建平，吴晓云. 网络价值创造能力、全球竞合战略与企业绩
效——一个被调节的双重中介模型〔J〕. 广东财经大学学报，2018，33（1）：
59-71.

〔49〕Das T K, Teng B S. A Resource-based Theory of Strategic Alliances
〔J〕. Journal of Management, 2000, 26（1）：31-61.

〔50〕Brandenburger A M, Nalebuff B. Co-opetition：A Revolution Mindset

That Combines Competition and Cooperation：The Game Theory Strategy That's Changing the Game of Business［M］. Boston：Crown Business，1997：15-38.

［51］黄玉梅，储小平. 深化改革背景下中国国有企业总部的价值创造维度［J］. 经济管理，2017，39（5）：6-21.

［52］王宇巍. 轻资产模式下专利密集型公司价值创造能力的研究［D］. 济南：山东大学硕士学位论文，2018.

［53］Hamel G. Lead the Revolution［M］. Boston：Harvard Business School Press，2000：156-198.

［54］Osterwalder A. The Business Model Ontology a Proposition in a Design Science Approch［D］. Lausanne：Université de Lausanne，2004.

［55］Chesbrough H W. A Better Way to Innovate［J］. Harvard Business Review，2003，81（7）：12.

［56］Amit R，Zott C. Value Creation in E-Business［J］. Strategic Management Journal，2001，22（6/7）：493-520.

［57］Gordijn J，Akkermans J M. Value-based Requirements Engineering：Exploring Innovative E-commerce Ideas［J］. Requirements Engineering，2003，8（2）：114-134.

［58］Mahadevan B. Business Models for Internet-Based E-Commerce：An Anatomy［J］. California Management Review，2000，42（4）：55-69.

［59］孙连才，王宗军. 基于动态能力理论的商业生态系统下企业商业模式指标评价体系［J］. 管理世界，2011（5）：184-185.

［60］Morris M，Schindehutte M，Allen J. The Entrepreneur's Business Model：Toward a Unified Perspective［J］. Journal of Business Research，2005，58（6）：726-735.

［61］薛维峰. 系统涌现与商业模式竞争力评价［J］. 社会科学家，2012（S1）：60-61.

［62］陈学猛，丁栋虹. 国外商业模式研究的价值共赢性特征综述［J］. 中国科技论坛，2014（2）：143-149.

［63］ Chesbrough H W. Why Companies Should Have Open Business Models ［J］. MIT Sloan Management Review，2007，48（2）：22.

［64］ Zott C，Amit R. Business Model Design：An Activity System Perspective ［J］. Long Range Planning，2010，43（2）：216-226.

［65］ Zott C，Amit R. Business Model Design and the Performance of Entrepreneurial Firm ［J］. Organization Science，2007，18（2）：181-199.

［66］ 蔡春红，冯强. 网络经济背景下企业价值网模块再造、价值重构与商业模式创新 ［J］. 管理学刊，2017，30（4）：28-40.

［67］［美］穆罕默德·贾姆什迪. 体系工程 ［M］. 许建峰，郝政疆，黄辰，译. 北京：电子工业出版社，2016.

［68］ Denning P J. The Science of Computing：Supernetworks ［J］. American Scientist，1985，73（3）：225-227.

［69］ Sheffi Y. Urban Transportation Networks：Equilibrium Analysis with Matematical Programming Methods ［M］. New Jersey：Prentice-Hall，1984.

［70］ Nagurney A，Dong J. Supernetworks：Decision-Making for the Information Age ［M］. Cheltenham：Edward Elgar Publishing，2002.

［71］ 王志平，王众托. 超网络理论及应用 ［M］. 北京：科学出版社，2008.

［72］ Denning P J. The Science of Computing：What is Computer Science ［J］. American Scientist，1985，73（1）：16-19.

［73］ Gao J，Buldyrev S V，Havlin S，et al. Robustness of a Network of Networks ［J］. Physical Review Letters，2011，107（19）：346-356.

［74］ Estrada E，Rodríguez - Velázquez J A. Subgraph Centrality in Complex Networks ［J］. Physical Review E，2005，71（5）：056103.

［75］ 黄建华，党延忠. 具有社区结构和子核的快递网络优化方法 ［J］. 系统工程理论与实践，2014，34（11）：2826-2836.

［76］ Gu C G，Zou S R，Xu X L，et al. Onset of Cooperation between Layered Networks ［J］. Physical Review E，2011，84（2）：1465-1474.

［77］索琪，郭进利. 超网络中的舆情传播模型及仿真研究［J］. 计算机应用研究，2017, 34（9）: 2629-2632.

［78］Zlatić V, Ghoshal G, Caldarelli G. Hypergraph Topological Quantities for Tagged Social Networks［J］. Physical Review E, 2009, 80（3）: 036118.

［79］Wang J W, Rong L L, Deng Q H, et al. Evolving Hypernetwork Model［J］. The European Physical Journal B-Condensed Matter and Complex Systems, 2010, 77（4）: 493-498.

［80］Ma N, Liu Y J. Superedge Rank Algorithm and Its Application in Identifying Opinion Leader of Online Public Opinion Supernetwork［J］. Expert Systems with Applications, 2014, 41（4）: 1357-1368.

［81］Pan X W, He S L, Zhu X Y, et al. How Users Employ Various Popular Tags to Annotate Resources in Social Tagging: An Empirical Study［J］. Journal of the Association for Information Science and Technology, 2016, 67（5）: 1121-1137.

［82］Xiao Q. A Method for Measuring Node Importance in Hypernetwork Model［J］. Research Journal of Applied Sciences, Engineering and Technology, 2013, 5（2）: 568-573.

［83］马宁，刘怡君. 基于超网络中超边排序算法的网络舆论领袖识别［J］. 系统工程，2013, 31（9）: 1-10.

［84］Yang G Y, Liu J G. A Local-world Evolving Hypernetwork Model［J］. Chinese Physics B, 2014, 23（1）: 532-538.

［85］Xie Z, Yi D Y, Ouyang Z Z, et al. Hyperedge Communities and Modularity Reveal Structure for Documents［J］. Chinese Physics Letters, 2012, 29（3）: 038902.

［86］Nagurney A, Cruz J, Matsypura D. Dynamics of Global Supply Chain Supernetworks［J］. Mathematical and Computer Modelling, 2003, 37（9-10）: 963-983.

［87］Cruz J M, Nagurney A, Wakolbinger T. Financial Engineering of the

Integration of Global Supply Chain Networks and Social Networks with Risk Management [J]. Naval Research Logistics, 2006, 53 (7): 674-696.

[88] Nagurney A. On the Relationship Between Supply Chain and Transportation Network Equilibria: Supernetwork Equivalence with Computations [J]. Transportation Research Part Elogistics and Transportation Review, 2006, 42 (4): 293-316.

[89] 董琼, 马军. 供应链超网络均衡模型 [J]. 上海理工大学学报, 2011, 33 (3): 238-247.

[90] 刘雪娇, 郭进利. 基于超网络理论的供应链网络形成过程研究 [J]. 技术与创新管理, 2012, 33 (3): 274-277.

[91] 甘蜜, 闫英, 陈思. 一类新的供应链超网络设计模型及其网络转化方法 [J]. 工业工程, 2013, 16 (2): 53-58.

[92] 张婷. 基于变分不等式的互联网金融超网络模型研究 [D]. 南京: 南京航空航天大学硕士学位论文, 2016.

[93] 吴冬梅, 王文平, 沈秋英, 等. 基于服务网络与制造网络互动的制造型集群超网络研究 [J]. 西安电子科技大学学报 (社会科学版), 2010, 20 (3): 13-18.

[94] 王娇俐, 花磊, 王文平. 基于集群企业网络的产业集群升级研究综述 [J]. 技术经济, 2011, 30 (8): 64-68.

[95] 来向红, 王文平. 基于企业之间活动相互依赖性的集群规模演化研究 [J]. 管理学报, 2011, 8 (11): 1610-1616.

[96] 王梅, 王文平. 基于超网络视角的产业集群升级研究 [J]. 管理学报, 2012, 9 (4): 570-577.

[97] 黄新焕, 王文平. 超网络视角下产业集群生态化发展研究——以山东新汶产业集群为例 [J]. 西安电子科技大学学报 (社会科学版), 2014, 24 (1): 41-47.

[98] 杨光勇. 科研合作超网络模型的构建及其应用研究 [D]. 上海: 上海理工大学硕士学位论文, 2013.

［99］赵永平，徐盈之. 基于核心-外围超网络模型的产学研协同创新研究［J］. 大连理工大学学报（社会科学版），2013，34（4）：7-12.

［100］刘勇. 产学研协同创新超网络均衡模型及其实现路径［J］. 中国科技论坛，2017（1）：19-25.

［101］裘江南，念闯玲，徐雨森. 创新超网络模型及应用分析［J］. 情报杂志，2011，30（10）：139-144.

［102］张苏荣，王文平. 知识型企业的超网络均衡研究［J］. 南京航空航天大学学报（社会科学版），2011，13（1）：25-30.

［103］张兵. 复杂网络上知识流动的小世界现象［J］. 广西师范大学学报（自然科学版），2010，28（4）：15-20.

［104］张苏荣，王文平. 基于复杂网络的知识型企业内部隐性知识研究［J］. 西安电子科技大学学报（社会科学版），2010，20（3）：8-12.

［105］倪子建，荣莉莉，刘泉. 基于超网络的维基百科内容知识本体演化研究［J］. 管理科学学报，2013，16（12）：68-78.

［106］廖开际，杨彬彬. 基于加权超网络模型的组织知识共享研究［J］. 情报学报，2013，32（5）：503-510.

［107］滕立. 基于超网络的国家混合共现网络研究［J］. 情报学报，2015（1）：28-36.

［108］于洋. 组织知识管理中的知识超网络研究［D］. 大连：大连理工大学博士学位论文，2009.

［109］尚艳超，王恒山，王艳灵. 基于微博上信息传播的超网络模型［J］. 技术与创新管理，2012，33（2）：175-178.

［110］刘继. 基于超网络的舆情信息传播机制分析［J］. 情报探索，2013（5）：4-7.

［111］潘芳，鲍雨亭. 基于超网络的微博反腐舆情研究［J］. 情报杂志，2014（8）：173-177.

［112］张维明. 体系工程理论与方法［M］. 北京：科学出版社，2010.

［113］De Laurentis D，Dickerson C，Dimario M，et al. A Case for an International Consotrium on System of systems Engineering [J]. IEEE Systems Journal, 2007, 1 (1): 68-73.

[114] Sage A P, Cuppan C D. On the Systems Engineering and Management of Systems of Systems and Federations of Systems [J]. Information, Knowledges, Systems Management, 2001, 2 (4): 325-345.

[115] Ronald R L. Quantitative Decision Support for Upgrading Complex Systems of Systems [D]. Master's Thesis, Washington: The School of Engineering and Applied Science of the George Washington University, 1997.

[116] 赵春松. 体系工程与体系结构建模方法与技术 [M]. 北京: 国防工业出版社, 2013.

[117] 李士勇, 田新华. 非线性科学与复杂性科学 [M]. 哈尔滨: 哈尔滨工业大学出版社, 2006.

[118] 刘新梅, 李彩凤. 组织创造力涌现机理研究 [J]. 科技进步与对策, 2014, 31 (5): 29-33.

[119] 吴士健, 孙专专, 刘新民. 区域创新系统中企业家集群的涌现机理及动态演化 [J]. 广东财经大学学报, 2017, 32 (5): 22-33.

[120] 胡有林. 企业信息技术应用的涌现机理研究 [J]. 科技管理研究, 2013, 33 (10): 183-186.

[121] 李明睿, 可星. 企业技术创新能力系统涌现度量模型 [J]. 科技与经济, 2018, 31 (1): 31-35.

[122] 申学文. 我国竞争情报实证研究文献综述 [J]. 竞争情报, 2021, 17 (5): 19-28.

[123] 郑荣, 王晓宇, 张艺源. 基于 ACP 理论的企业竞争情报智能系统构建研究 [J]. 情报理论与实践, 2021, 44 (12): 148-157.

[124] 严怡民. 情报系统管理 [M]. 北京: 科学技术文献出版社, 1988.

[125] Luo G, Wei Q. Research on the Concept and Characteristic of Corporate Value Co-creation Systems [J]. Journal of Simulation, 2018, 6 (4): 89-92.

[126] 郭秋萍, 华康民. 超网络研究分析综述 [J]. 管理工程师,

2016，21（4）：51-55.

［127］Sponsor. 1220-1998-IEEE Standard for Application and Management of the Systems Engineering Process［C］// IEEE, 1999：1.

［128］罗爱民，刘俊先，曹江，等. 网络信息体系概念与制胜机理研究［J］. 指挥与控制学报，2016，2（4）：272-276.

［129］王耀德，许其彬. 电子商务价值生态系统的构建［J］. 技术经济与管理研究，2018（2）：64-65.

［130］陈春花. 集合智慧——不确定时代的组织管理——《激活组织：从个体价值到集合智慧》简读［J］. 中国机械工程，2018，29（2）：242-251.

［131］王佳瑶. 高端装备制造业企业知识创新能力涌现研究［D］. 哈尔滨：哈尔滨工程大学硕士学位论文，2016.

［132］赵奎. 基于生物进化视角的质量系统演化及评价方法研究［D］. 杭州：浙江大学博士学位论文，2014.

［133］简兆权，令狐克睿，李雷. 价值共创研究的演进与展望——从"顾客体验"到"服务生态系统"视角［J］. 外国经济与管理，2016，38（9）：3-20.

［134］Wei Q, Luo G. Research on the Emergence Evaluation Model of Enterprise Open Value Co-creation Systems［J］. Journal of Simulation, 2018, 6（5）：11-16.

［135］刘军. 整体网分析［M］. 北京：格致出版社，2014.

［136］曹卫东，刘红霞. 基于多层次灰色关联分析的复杂网络节点排序模型［J］. 计算机工程与科学，2014，36（6）：1165-1171.

［137］Johnson R. Dynamic Complexity in System of Systems：Engineering & Technology, Advanced Systems［M］. Chicago：The Boeing Company, 2007.

［138］Charles P. Emergent Collectives［J］. IEEE Internet Computing, 2011, 15（5）：99-102.

［139］Holland J H. Emergence：From Chaos to Order［M］. Redwood

City：Oxford University Press，2000.

［140］Casti J L. Would-be Worlds：Toward a Theory of Complex Systems ［J］. Artificial Life & Robotics，1997，1（1）：11-13.

［141］阮平南，魏云凤，张国红. 企业创新网络创新协同影响因素研究 ［J］. 科技管理研究，2016，36（21）：1-5+11.

［142］王玉梅，罗公利，周广菊. 产业技术创新战略联盟网络协同创新 要素分析［J］. 情报杂志，2013，32（2）：201-207.

［143］李维安. 网络组织：组织发展新趋势［M］. 北京：经济科学出 版社，2003.

［144］宋晶，孙永磊. 合作创新网络能力的形成机理研究——影响因素 探索和实证分析［J］. 管理评论，2016，28（3）：67-75.

［145］张海涛，任亮，刘雅姝，等. 商务网络信息生态链价值协同创造 的关键影响因素识别研究［J］. 现代情报，2019，39（6）：16-23+58.

［146］王文平，张兵. 动态关系强度下知识网络知识流动的涌现特性 ［J］. 管理科学学报，2013，16（2）：1-11.

［147］魏琼琼，罗公利. 基于涌现理论的企业价值共创体系价值创造能 力评价研究——以我国膜企业为例［J］. 青岛科技大学学报（社会科学 版），2018，34（4）：49-55.

［148］Auyang S Y. Foundations of Complex-system Theories［M］. Cambridge，UK：Cambridge University Press，1998.

［149］Ueda K. Synthesis and Emergence：Research Overview［J］. Artificial Intelligence in Engineering，2001，15（4）：321-327.

［150］金士尧，黄红兵，范高俊. 面向涌现的多 Agent 系统研究及其进 展［J］. 计算机学报，2008，31（6）：881-895.

［151］夏璐，邢清华，李响. 区域反导作战体系涌现评价模型研究 ［J］. 现代防御技术，2012，40（3）：24-28.

［152］董洁. 高技术产业创新发展评价及其战略研究［D］. 镇江：江 苏大学博士学位论文，2010.

[153] 刘朝明. 企业成长 [M]. 成都：天地出版社，2004.

[154] 梁新弘. 基于信息技术的企业动态竞争能力及增强途径研究 [M]. 天津：天津大学出版社，2011.

[155] 盛革. 协同营商 [M]. 北京：新华出版社，2009.

[156] 张煜，龙勇. 模块化系统间逻辑关系及制造敏捷性的中介效应研究 [J]. 软科学，2018，32（9）：119-123.

[157] Petrovic O，Kittl C，Teksten R D. Developing Business Models for E-business [R]. International Conference on Electronic Commerce，Vienna，Austria，2001.

[158] Osterwalder A，Pigneur Y，Tucci C L. Clarifying Business Models：Origins，Present，and Future of the Concept [J]. Communications of the Information Systems，2005，15（5）：1-25.

[159] 原磊. 国外商业模式理论研究评介 [J]. 外国经济与管理，2007（10）：17-25.

[160] 孔存玉，丁志帆. 制造业数字化转型的内在机理与实现路径 [J]. 经济体制改革，2021（6）：98-105.

[161] 张海丽，王宇凡，Michael Song. 大数据驱动创新过程提高数字创新绩效的路径 [J/OL]. 科学学研究：1-36 [2022-11-11]. DOI：10.16192/j. cnki. 1003-2053. 20220908. 001.

[162] 董华，夏淼. 大数据驱动下克服制造企业"服务化悖论"的新思路——基于组织敏捷性的视角 [J]. 经济论坛，2020（7）：47-58.

[163] 欧晓华. 基于价值网络重构的移动互联网企业商业模式创新研究 [D]. 西安：西北大学博士学位论文，2015.

[164] 杨续昌，陈友玲. 智慧制造模式及运行架构研究 [J]. 科技进步与对策，2017，34（13）：61-66.

[165] 陈春花. 激活组织的七项工作 [J]. 中国企业家，2017（14）：98-99.

附　录

我国制造企业基本情况及其价值共创体系的价值创造能力调研表

企业价值共创体系是以客户个性化需求为起点，以满足客户需求为终点，联系全社会域合作伙伴，包括价值创造主体、相关利益者、顾客、竞争者、合作者、政府、中介机构等，建立共同的价值理念和有效的网络治理机制，将各种价值创造资源集成资源池，通过纵向、横向、交叉相互作用创造出的价值流，以一定的价值传递机制在不同的主体按照整体价值最优的原则相互衔接、融合、互动，最终为企业和顾客创造出价值的网络系统。

尊敬的先生/女士：

您好！非常感谢您抽出时间填写本问卷，本问卷是制造行业发展研究课题组设计并用于学术调研的一项工具，目的是探讨制造行业相关企业的价值创造能力。非常感谢您参与本问卷调查，本调查纯属学术研究目的，调研结果只做学术分析之用，内容绝对保密，未经您允许不会用于商业活动或者任何其他目的。

热切希望能够得到您的大力支持和帮助。对此，我们不胜感激，深表谢意！

魏琼琼

E-mail：wqq@ qust. edu. cn

问卷填写说明

★请根据贵单位跟合作企业的实际情况作答，在相应的表格里打"√"，所有题项均为单选，数字表示您认同的程度，其中，1-非常差，2-比较差，3-一般差，4-一般，5-一般好，6-比较好，7-非常好。

以下各部分，请根据您企业的实际情况作答。非常感谢！

第一部分：企业基本信息

1. 贵公司名称：＿＿＿＿＿＿＿＿＿＿

2. 贵公司所在省份：＿＿＿＿＿＿＿

3. 贵公司的主要核心产品或服务：＿＿＿＿＿

4. 贵公司成立时间：

□5 年及以下 □6～10 年 □11～20 年

□21 年及以上

5. 贵公司人员规模：

□100 人及以下 □101～300 人 □301～500 人

□501～1000 人 □1001～3000 人 □3001 人及以上

6. 贵公司的性质：

□国有独资企业 □"三资"企业 □民营企业

□国有控股企业 □其他

7. 贵公司所在制造行业的具体产业类型：

□基础设施行业 □食品工业加工 □医药工业

□化工工业 □水处理行业 □其他（请注明）

8. 贵公司所处发展阶段：

□创业阶段 □发展阶段 □成熟阶段

□衰退阶段

9. 贵公司有长期稳定关系的重要合作伙伴数：

☐0~50 家　　　　　　☐51~100 家　　　　　☐101~200 家

☐201~300 家　　　　☐301~500 家　　　　☐501~1000 家

☐超过 1000 家

10. 贵公司与合作伙伴之间的主要纽带（可多选）：

☐业务往来　　　　　☐技术合作　　　　　☐开发市场机会

☐品牌和技术特许　　☐血缘关系　　　　　☐地理上接近

☐企业领导人之间的个人关系

11. 贵公司在 2017~2020 年的营业收入是（　　　）元

☐500 万以下　　　　☐500 万~5000 万　　☐5000 万~1 亿

☐1 亿~5 亿　　　　　☐5 亿~10 亿　　　　☐10 亿以上

12. 贵公司在 2017~2020 年平均营业收入增长率为（　　　）

☐3%以下　　　　　　☐3%~5%　　　　　　☐6%~10%

☐11%~20%　　　　　☐21%~30%　　　　　☐30%以上

13. 贵公司近 5 年主营业收入平均增长率为（　　　）

☐3%以下　　　　　　☐3%~5%　　　　　　☐6%~10%

☐11%~20%　　　　　☐21%~30%　　　　　☐30%以上

14. 贵公司近 5 年平均资产收益率为（　　　）

☐3%以下　　　　　　☐3%~5%　　　　　　☐6%~10%

☐11%~20%　　　　　☐21%~30%　　　　　☐30%以上

15. 贵公司近 5 年市场份额增长率为（　　　）

☐5%~10%　　　　　　☐11%~20%　　　　　☐21%~30%

☐31%~40%　　　　　☐41%~50%　　　　　☐50%以上

16. 贵公司的基本组织结构形式是（　　　）

☐经理-职能部门　　　　　　　　☐经理-职能部门-事业部

☐职能部门+任务团队（项目组）　☐网络型组织

☐流程型组织　　　　　　　　　　☐其他

第二部分：制造企业价值共创体系的价值创造能力情况调查

在下列选项中，您认为公司价值创造情况如何，在以下选项中就您的认可程度进行打分评价（1-非常差，2-比较差，3-一般差，4-一般，5-一般好，6-比较好，7-非常好），在选项下打"√"。

价值创造单元的价值创造能力	非常差→非常好						
1. 企业能够收集行业技术发展、市场发展、竞争情况、潜在合作伙伴信息与网络资源	1	2	3	4	5	6	7
2. 企业能够与顾客建立可持续的伙伴关系，交流产品的经验和知识	1	2	3	4	5	6	7
3. 企业能够吸引大量合作伙伴共同提供商业情报并进行有效的情报分析，识别环境机会与威胁，辨识潜在网络价值与机会	1	2	3	4	5	6	7
4. 企业能够融合分析侦察的商业情报，预测价值创造网络演化趋势	1	2	3	4	5	6	7
5. 企业能够创新性地挖掘客户需求，获得不同的目标市场	1	2	3	4	5	6	7
6. 企业能够提出创新的价值主张	1	2	3	4	5	6	7
7. 企业善于与合作伙伴沟通界定目标客户，并有一致的价值主张	1	2	3	4	5	6	7
8. 企业能够提出创新型获取利润的方式	1	2	3	4	5	6	7
9. 企业能够提出提高收入、降低成本的新方法，增加企业、伙伴和顾客的收益	1	2	3	4	5	6	7
10. 企业能够在价值网络中设计较好的定位，以分享价值网络中的主要利润	1	2	3	4	5	6	7
11. 企业在网络关系协调中，能充分考虑各个合作伙伴间潜在的依存关系构造网络共同愿景，引导和协调网络活动，解决冲突	1	2	3	4	5	6	7
12. 企业能够完善合作流程，根据经验持续性地深化和改善与合作伙伴的关系	1	2	3	4	5	6	7
13. 企业能够融合生产模式、流程、资源并进行统一筹划和决策	1	2	3	4	5	6	7
14. 企业能够建立有效的隔离机制，避免其他企业的模仿和攻击	1	2	3	4	5	6	7
15. 企业能够全程跟踪生产行动，督导全部成员按指令生产	1	2	3	4	5	6	7

价值创造单元的价值创造能力	非常差→非常好						
16. 企业能够定期回顾合作过程中的失误，避免发生类似错误，及时有效地修正	1	2	3	4	5	6	7
17. 企业能够并行、互动、计划网络生产，动态分配任务，实施精确协同网络生产	1	2	3	4	5	6	7
18. 企业能够通过网络搜索、获取资源	1	2	3	4	5	6	7
19. 企业能够经常组织价值网络内部交流合作利用资源	1	2	3	4	5	6	7
20. 企业善于根据需要调整企业文化、服务、品牌资源，应对变化	1	2	3	4	5	6	7
21. 企业能够按调整方案改变生产	1	2	3	4	5	6	7
22. 企业对生产指令反应敏捷	1	2	3	4	5	6	7
23. 企业能够多批次、多批量按顾客需求生产产品	1	2	3	4	5	6	7
24. 企业能够多样化按顾客需求生产产品	1	2	3	4	5	6	7
25. 企业能够建立合理的价值分配机制	1	2	3	4	5	6	7
26. 企业能够满足合作成员的价值利益诉求，及时调整合作模式和价值分配机制	1	2	3	4	5	6	7
27. 企业能够按设定的价值获取模式实现价值获取	1	2	3	4	5	6	7
28. 企业能够对生产效能进行良好的评估与反馈	1	2	3	4	5	6	7
29. 企业能够对价值创造流程的合理性进行评估与反馈	1	2	3	4	5	6	7
30. 企业能够对价值获取模式进行合理的评估与反馈	1	2	3	4	5	6	7

第三部分：制造企业价值共创体系整体的价值创造能力情况调查

在下列选项中，您认为公司价值创造情况如何，在以下选项中就您的认可程度进行打分评价（1-非常差，2-比较差，3--般差，4-一般，5--般好，6-比较好，7-非常好），在选项下打√。

	企业价值共创体系整体的价值创造能力情况	非常差→非常好						
体系生存能力	1. 企业在生产运营体系中生产的产品质量稳定	1	2	3	4	5	6	7
	2. 企业按现状能够维持三年之内的基本运营	1	2	3	4	5	6	7
	3. 企业订单完成率与同行相比的程度	1	2	3	4	5	6	7
	4. 企业建立的价值共创体系的抗风险能力程度	1	2	3	4	5	6	7
体系适应能力	5. 企业能够适应环境变化	1	2	3	4	5	6	7
	6. 企业为适应环境变化能够灵活调整并做出反应	1	2	3	4	5	6	7
	7. 企业的人员为适应环境变化能够灵活调整并做出反应	1	2	3	4	5	6	7
	8. 企业的经济效益具有可持续性	1	2	3	4	5	6	7
协同感知能力	9. 企业价值共创体系内的人员具有良好的协同意识	1	2	3	4	5	6	7
	10. 企业运营过程中信息共享及时、准确、完整	1	2	3	4	5	6	7
	11. 企业价值共创体系内具有各种商业情报信息协同分析能力	1	2	3	4	5	6	7
协同生产能力	12. 企业人员能够协同配合按顾客要求顺畅地完成生产活动	1	2	3	4	5	6	7
	13. 企业在生产运营过程中具有良好的协同性	1	2	3	4	5	6	7
	14. 企业从挖掘顾客需求或潜在的顾客需求到满足顾客需求的整个生产时间安排合理、顺畅、高效	1	2	3	4	5	6	7
	15. 企业战略、运营管理、生产预期效果等一致性程度很高	1	2	3	4	5	6	7
市场态势预测能力	16. 企业能够对未来市场走势作出预测	1	2	3	4	5	6	7
	17. 企业能够对顾客提出的价值主张的趋势作出合理预测	1	2	3	4	5	6	7
	18. 企业能够对未来的竞争趋势作出合理的预测	1	2	3	4	5	6	7
	19. 企业能够掌控与未来价值合作伙伴的合作能力	1	2	3	4	5	6	7
	20. 企业能够对企业未来的发展战略作出合理的推断	1	2	3	4	5	6	7